Assises de la Creuse.

PRÉVENTION

D'ACHAT DE SUFFRAGES

Contre MM. BOUTMY, RIOUBLANT, BARAIGE, VILLARD et BOUYER.

Audience du Jeudi 29 avril 1847.

Cette affaire, dont les débats, attendus depuis longtemps, paraissent devoir se prolonger cinq ou six jours, avait attiré, de bonne heure, un public nombreux et choisi, dans la vaste salle des assises. Derrière la Cour, où siégent M. le Conseiller Dalesme de Plantadis, Président, et MM. Laroche et Delille, Juges assesseurs, des siéges ont été disposés pour les autorités civiles et militaires. Dans la tribune, pour laquelle soixante billets ont été distribués par M. le Président, on remarque un choix de dames élégantes et appartenant à l'élite de la cité. Le siége du ministère public est occupé par M. le Procureur du roi Lassarre. Le banc de la défense est occupé par Mᵉ Léon Duval, du barreau de Paris, par Mᵉ Bac, de celui de Limoges et par Mᵉ Lasnier, avocat à Guéret. Sur un siége placé en avant des défenseurs, les cinq accusés prennent place dans l'ordre que leur assigne l'accusation.

A 10 heures, l'audience est ouverte; l'huissier procède à l'appel nominal des jurés, puis le ministère public et la défense exercent en audience publique, leur droit de récusation. Ce droit est épuisé de part et d'autre.

Les prévenus déclarent se nommer Boutmy (Laurent-Joseph-Eugène), âgé de 40 ans, demeurant à Paris ; Bouyer (François), âgé de 37 ans, propriétaire à Ceilloux ; Baraige (Joseph-Adrien), âgé de 32 ans, propriétaire à Soulier ; Villard, âgé de 46 ans, cultivateur aux Chiers.

Avant d'entrer dans le détail de cette affaire et de commencer le résumé de ses audiences, que nous nous proposons de publier successivement, il nous a paru indispensable, pour son intelligence complète, de présenter une sorte d'aperçu sommaire des faits qui ont précédé l'accusation et desquels elle dérive en quelque sorte. Voici, dans leur ensemble succinct, quels sont ces faits :

Au mois de décembre 1845, le canton de Pontarion eut à procéder à l'élection d'un membre du Conseil général de la Creuse ; M. Boutmy se mit sur les rangs. Il avait pour concurrent M. Tixier-Lachapelle, juge au tribunal de Guéret. Celui-ci fut élu à la majorité d'une demi-voix.

Cette élection donna lieu à une protestation, dans laquelle, entre autres faits graves, on articulait que le sieur Faure, qui avait écrit les votes de plusieurs électeurs, s'était vanté, à M. Largey, d'avoir volé trois ou quatre voix à M. Boutmy (1). Sur cette protestation, le Conseil de préfecture annula l'élection, *pour atteinte portée à la liberté des suffrages et à la sincérité du scrutin.* Cette décision, déférée au Conseil d'Etat, y fut maintenue par un arrêté qui admit les motifs du Conseil de préfecture, en appréciant plus sévèrement encore que ne l'avait fait celui-ci les faits qu'il qualifia de *manœuvres.*

Par suite de l'annullation prononcée, il fallut procéder à une

_____

(1) M. Largey ayant révélé cette confidence dans l'enceinte du collège électoral, fut cité en diffamation par le sieur Faure. Le tribunal de Bourganeuf le condamna ; mais, sur l'appel de ce jugement, le tribunal de Guéret reconnut que le fait était vrai, que la confidence avait été réellement faite par le sieur Faure au sieur Largey, qu'il prenait pour le sieur Pouyat, et en conséquence le tribunal a infirmé le jugement, annulé la condamnation de M. Largey, et condamné M. Faure en tous les dépens.

nouvelle élection , pour laquelle le collége cantonal de Pontar-
rion fut convoqué au mois de septembre 1846. Cette fois, M. Bont-
my fut élu à une majorité de quatre voix. Mais son élection ayant
donné lieu à une protestation , la justice à laquelle cette pièce fut
communiquée procéda à une instruction dont le résultat a motivé
le renvoi devant les assises de MM. Boutmy, Rioublant , Baraige,
Villard et Bouyer.

Le greffier donne lecture de l'arrêt de renvoi des cinq
prévenus devant les assises ; M. le Procureur du roi Lassarre prend ensuite la parole pour développer l'accusation.

Le Gouvernement représentatif , dit ce magistrat , cette
grande transaction politique entre le pouvoir d'un seul et le pouvoir de tous , si on le considère dans son principe et dans son
esprit , est éminemment favorable aux intérêts populaires ; car
l'ensemble de son système organique a pour base l'élection. En
effet , la commune choisit ses Conseillers municipaux , le canton
choisit ses mandataires aux Conseils d'arrondissement et de département , les arrondissements choisissent les membres de la
Chambre législative , et la Couronne , enfin , s'inclinant devant
l'imposante autorité de l'expression constitutionnelle du vœu général , choisit le plus ordinairement ses Ministres parmi les élus
du vœu de la Nation.

Voilà , messieurs , une admirable combinaison gouvernemen-
tale ! Elle est regardée , à juste titre , comme une des plus
belles conquêtes des temps modernes , et si son mécanisme fonc-
tionnait toujours librement , non seulement les intérêts moraux ,
matériels et politiques du pays seraient dignement et fidèlement
représentés , chacun en son lieu , mais encore il n'y aurait pas
de vrai mérite qui put rester enfoui , pas de grandes vertus ci-
viques , point de supériorités sociales que l'élection n'allât chercher et honorer tôt ou tard , pour les élever au rang auquel elles
pourraient justement prétendre , car l'esprit des masses est ex-
cellent pour apprécier les hommes et le corps électoral , tel que
nous l'avons , quoi qu'on en dise , réfléterait parfaitement l'esprit des masses.

Mais si les rouages du système électif sont enrayés dans leurs fonctions ou gênés dans leur mouvement par un frottement délétère; si l'élection, au lieu de procéder par la liberté qui la vivifie, procède par la corruption qui la tue, que devient alors la représentation dans ses divers degrés? Il n'en reste plus que le fantôme.

M. le Procureur du roi, après avoir démontré que la vénalité des suffrages altère le système électif dans son essence, fait appel au jury et l'invite à opposer une digue puissante à la corruption. C'est ici, dit-il, une question qui touche à l'honneur de votre institution et aux intérêts sacrés de la justice; car les électeurs politiques et la plupart des électeurs départementaux sont en même temps jurés. Trois des prévenus sont revêtus comme vous du sacerdoce judiciaire, et si les jurés, seuls juges de la corruption électorale, s'oublient jusqu'au point de s'associer eux-mêmes à cette corruption, à qui donc faudra-t-il que nous allions demander justice?

L'organe du ministère public rappelle la condamnation récente d'un haut financier de la capitale; c'est encore aujourd'hui, dit-il, un candidat parisien qui est déféré au jury comme prévenu d'avoir avec son or et ses billets de banque escompté les suffrages d'un des plus pauvres cantons du département. Si cette prévention est justifiée, le jury de la Creuse qui ne le cède à nul autre pour l'intelligence et la conscience de ses devoirs, saura, aussi bien que celui de Maine-et-Loire, se montrer digne de sa haute mission.

L'organe du ministère public termine en requérant la Cour de faire procéder à l'audition des témoins. L'audiencier fait l'appel et tous les témoins se trouvent présents et répondent, hormis les nommés Baret, Marquet, Daniaud, Lesage, Bourbon et Chansart.

M. le Procureur du roi requiert que l'audience soit suspendue, afin que l'on puisse s'assurer de l'absence des témoins défaillants et en connaître la cause, car, hormis un seul, aucun n'a justifié d'un état de maladie ou de tout autre empêchement qui puisse faire excuser leur absence. Bientôt on vient annoncer que les deux derniers , Bourbon et Chansart , viennent d'arriver. La femme Barret et le nommé Louis Colas s'avancent au pied de la Cour pour donner des renseignements sur l'état de Marquet, qui , disent-ils, est depuis hier atteint d'un accès de fièvre. Sur les interpellations que lui adresse M. le Président , la femme Barret déclare que son mari peut , malgré une plaie à la jambe, se rendre à l'audience et qu'elle ne doute pas que , si on veut bien l'envoyer chercher en cariole , il ne satisfasse immédiatement à l'appel de la justice.

M. le Procureur du roi se plaint de l'absence des témoins défaillants ; qui , dit-il , peuvent faire des dépositions d'une grande importance et auxquels il aurait à adresser des interpellations qui jetteraient une utile lumière sur le débat. Ces témoins, dit-il, n'ont pas envoyé de certificats de médecin , ils ne justifient d'aucun empêchement sérieux. Je regretterais que leur absence me forçât à demander le renvoi de l'affaire à une autre session , mais je n'ai nul moyen de les contraindre à venir ; il ne me reste qu'à prier M. le Président d'user du pouvoir que lui confère la loi , de recourir aux moyens qu'elle met à sa disposition pour les amener à comparaître.

M. le Président. Je ne puis prendre à cet égard aucun engagement ; je ferai ce qu'il est possible de faire , mais je ne puis garantir que les témoins se rendront aux injonctions qui leur seront adressées.

M. le Procureur du roi pose les conclusions suivantes : « Attendu que cinq témoins ne comparaissent pas à l'audience malgré les citations régulières qu'ils ont reçues ; attendu que ces témoins ne justifient d'aucun empêchement , plaise à la Cour prononcer contre eux , l'amende aux termes de l'art. 80 du Code d'instruction criminelles et , faisant application de l'art. 354 du même Code, renvoyer la cause à la prochaine session. » (Marques d'étonnement dans l'auditoire.)

Me Léon Duval se levant avec vivacité s'exprime ainsi d'une voix qui trahit son émotion et sa surprise :

Je ne comprends pas que de pareilles réquisitions puissent être

prises ; quand il y a là cinq accusés qui ont attendu le jour de
la justice et qui l'ont accepté tel que la justice l'a fixé ; quand
M. le Procureur du roi, usant d'un droit rigoureux, a ouvert le
débat par un réquisitoire qui met l'honneur de cinq hommes en suspicion;—quand nous sommes prêts à confondre toutes les calomnies
si largement empruntées aux intérêts froissés et aux vanités mécon-
tentes ; — voilà qu'on parle d'ajourner le débat et de nous laisser
sous le poids de cette audience si heureusement commencée. —
En vérité cela finirait par ouvrir les yeux aux plus incrédules. —
Nous venons de voir le ministère public épuiser toutes ses récusa
tions, nous le voyons maintenant demander d'autres juges; — il
faut dire le vrai sens de cet étrange incident, c'est la défiance du
jury Messieurs de la Cour, pesez la valeur de la raison qu'on
vous donne; il manque quatre témoins, quatre témoins sur cent;
quatre témoins qui ont déposé dans l'instruction écrite et dont les
dépositions peuvent être lues ! Comme si le ministère public pouvait rêver que ce procès criminel où s'entassent tant de témoins, se
vide jamais sans qu'il arrive quelque malheur et sans que quelque
absent manque à l'appel ; — sans qu'il lui manque quelque déposition orale.—En tant qu'il est en nous, nous ne souffrirons pas
qu'il en soit ainsi et nous dirons bien haut que le renvoi à une autre session serait un des coups les plus funestes qu'on pût porter
à la justice.

M⁰ Théodore Bac. Permettez-moi d'ajouter une observation. Je
viens de relire les dépositions des quatre témoins qui ne se pré-
sentent pas. Ces dépositions n'ont rien d'important. Elles ne por-
tent que sur des faits accessoires et qui , à tout prendre, n'au-
raient pas dûs être évoqués dans ce débat. L'absence de ces témoins n'enlève aucun élément réel à la prévention. Il n'y a donc
aucune raison d'ordonner le renvoi.

M⁰ Lasnier. Je demande aussi à la Cour la permission de lui
certifier un fait qui est à ma connaissance personnelle , c'est que
le témoin Marquet était avant-hier à Bourganeuf , vaquant à ses
affaires sur la place et qu'il peut parfaitement se rendre à l'audience sans empêchement.

M. le Procureur du roi. Non, messieurs, ce n'est pas, ainsi que vient de le dire un des défenseurs , par défiance du jury que nous avons posé les conclusions contre lesquelles on s'élève , l'audition des témoins dont l'absence est signalée nous paraît indispensable, et en faisant nos réquisitions, nous avons la conviction, la conscience de remplir un de ces devoirs de notre ministère auxquels il ne nous serait pas permis de nous soustraire.

L'organe du ministère public conteste l'assertion de Me Théodore Bac que la déposition des témoins absens serait de peu d'importance. — Il insiste , sur ce point que ce n'est pas sur des faits généraux et de moralité qu'il désire les faire entendre , mais sur des faits qui concernent directement les accusés. Il conclut , en déclarant que la prudence lui impose le devoir de persister dans ses réquisitions.

Me Théodore Bac. Mon Dieu ! messieurs, je ne comprends pas l'insistance du ministère public. Le renvoi à une prochaine session est une mesure de la dernière gravité; dans une affaire ordinaire , vous ne vous décideriez que bien difficilement à l'ordonner; il faudrait l'absence de quelque témoin capital , dont la déposition fut décisive , unique ou suspectée , telle enfin qu'elle dût concentrer sur elle une partie considérable du débat. — Ici rien de semblable ! — quatre témoins manquent à l'appel. Déposent-ils de faits essentiels ? doivent-ils porter la lumière sur quelque point obscur de la prévention ? Non ! Ils déposent de faits accessoires, secondaires, de faits qui ne sont pas incriminés, et qu'il est même regrettable de voir produire dans ces débats. — L'un d'eux parle, il est vrai, des faits de la prévention , mais c'est pour reproduire une circonstance racontée par dix autres témoins. Ces témoins sont sans importance. Ils ont été appelés pour l'ornement et non pour l'éclaircissement de la cause. Ils ont à jouer un rôle parasite qu'on peut retrancher sans nuire aux intérêts de la justice. Du reste ils peuvent arriver pendant le cours des débats et l'on aura , dans tous les cas , la ressource de lire leurs dépositions écrites. Pourquoi donc un renvoi ?

Nous nous y opposons de toute notre énergie , messieurs, parce que, si les réquisitions de M. le Procureur du roi étaient accueillies, il ne serait plus possible de prévoir un terme à ces tristes débats. Vous savez quelles passions sont soulevées autour des prévenus. — A quels calculs ne peuvent-elles pas se livrer ? Quels intérêts mystérieux ne peuvent-elles pas avoir à prolonger des scandales affligeants ? Ne leur serait-il pas toujours facile d'écarter de l'audience quelques témoins dévoués et de promener ainsi de session en session, au gré de leurs caprices ou de leurs intérêts, le sort et les inquiétudes des prévenus ?

Vous ne pouvez, messieurs, laisser plus longtemps une pareille affaire en suspens, de telles passions en mouvement. Il faut en finir ; — il faut que la vérité soit enfin connue ; — il le faut pour ce pays où il ne convient pas que le scandale se perpétue; il le faut pour les prévenus dont l'honneur souffre cruellement de ces inutiles délais. — Leur refuser aujourd'hui une décision, les renvoyer à une session prochaine, où les accompagnera l'inquiétude de voir se renouveler ce qui se passe aujourd'hui, ce ne serait pas de la justice, et nous attendons de vous une justice impartiale.

M. le Président : la Cour va en délibérer.

Une vive anxiété se manifeste à ce moment dans l'auditoire. Après cinq minutes de délibération les magistrats reprennent leurs siéges, et M. le Président prononce la suspension de l'audience et son renvoi à demain.

L'auditoire s'écoule tumultueusement, bientôt des groupes animés se forment sur la place et de vives conversations s'engagent sur les suppositions plus ou moins passionnées auxquelles donne lieu cet incident inattendu.

On entend surtout dans les groupes se produire cette observation qui n'est pas sans fondement : mais dans trois mois, époque de la moisson, temps de labeur pénible, les maladies et les absences obligées ne sont-elles pas plus à craindre encore qu'aujourd'hui ! ! !

Guéret, imprimerie Ducenest.

Assises de la Creuse.

PRÉVENTION

D'ACHAT DE SUFFRAGES

Contre MM. BOUTMY, RIOUBLANT, BARAIGE, VILLARD et BOUYER.

Audience du Vendredi 30 avril 1847.

A dix heures l'audience est ouverte; l'affluence est plus considérable encore qu'hier dans la salle et aux abords; sur un des siéges disposés derrière la Cour, nous remarquons entre autres notabilités, M. le Préfet et M. le Général commandant le département.

M. le Président. — Greffier, appelez les témoins défaillants; Marquet et Barret répondent seuls à l'appel de leur nom; Daniaud et Lesage, ont justifié par certificats légalisés de l'état réel de maladie qui ne leur permet pas de se rendre aux injonctions de la justice. M. le Procureur du roi déclare, en conséquence, retirer ses conclusions, et M. le Président donne l'ordre qu'il soit passé outre aux débats.

Jean Cassier, cultivateur à Bassegeas, commune de Sardent;

Le 19 septembre dernier, j'allais à Bourganeuf avec un nommé Bouyer. Il me dit que M. Boutmy était venu chez lui lui demander sa voix; qu'il lui avait répondu : Ne comptez pas sur moi, je l'ai promise à M. Lachapelle. — A Bourganeuf, nous avons dîné ensemble dans une auberge. Bourbon, placé à

2

côté de nous , a dit à Bouyer : Voulez-vous que je fasse votre bulletin. Bouyer répondit : Je le veux bien. Le lendemain il rencontra M. Junien et lui raconta que M. Boutmy lui avait promis de faire exempter son fils.

Le jour de l'élection, en arrivant à Pontarion , le témoin était avec Bourbon , ils rencontrèrent Bouyer. Bourbon lui demanda : êtes-vous toujours le même? Bouyer répondit : j'ai pris mon parti, j'ai vendu ma voix. — A qui ? — A M. Boutmy. — Il ajouta qu'il avait l'argent dans sa poche et montra une bourse assez ronde.

Le soir de l'élection , au café , je dis à Bouyer : vous vous êtes affiché pour un vendu aujourd'hui.

M. le Président. — Bouyer cette déposition est-elle exacte ? — R. Non , je n'ai point tenu les propos que l'on me prête ; j'ai dit à Cassier que j'avais vu M. Boutmy , mais jamais M. Boutmy ne m'a rien offert. Seulement le jour des élections Bourbon me dit : eh bien, Bouyer , êtes vous avec nous ? non répondis-je. — Vous êtes donc vendu ? — Pour me débarrasser de lui je répondis oui monsieur, et je lui tournai le dos.

M. Boutmy. — M. le Président, pourrais-je présenter quelques explications à la Cour et à MM. les Jurés.

Me Léon Duval et Me Bac. — Parlez! parlez !

M. Boutmy. — Je n'ai jamais vu l'électeur Bouyer que deux fois, toujours en présence de témoins, et jamais il ne m'a insinué qu'il entendit mettre la moindre condition à son vote, qu'il m'avait spontanément donné la première fois. Seulement, il m'a paru fort ennuyé de la tyrannie que faisaient peser sur lui cette foule d'agents plus ou moins officieux qui composaient le cortège de mon concurrent M. Tixier Lachapelle. Quand je me rendis à Ceilloux la première fois, je ne suis pas descendu de cheval; je ne suis pas, par suite, entré chez Bouyer, et j'ignorais absolument qu'il eût un fils; je n'ai donc pu lui parler d'exemption pour cet enfant et cette offre que l'on me prête est une invention concertée par mes adversaires que ces débats passionnés montreront aux yeux même les plus prévenus comme des ennemis de ma personne et des amitiés dont je m'honore, et non comme des partisans de la sincérité des élections.

Quand j'allai pour la seconde fois chez Bouyer, c'était quatre jours avant l'élection; j'étais accompagné de M. de Girardin. Nous trouvâmes Bouyer indécis s'il se rendrait aux élections, mais l'ami qui m'accompagnait lui dit : Bouyer, il ne faut pas abandonner ainsi au moment décisif ceux avec qui vous avez toujours marché, et je préférerais vous voir voter contre M. Boutmy que de vous voir fuir l'élection. Les forces des deux partis sont à peu près égales, et une voix de plus ou de moins peut rendre les opérations nulles; promettez-moi donc de vous rendre à Pontarion et de vous dessiner nettement. Bouyer le promit, et je ne le revis plus que le jour de l'élection, où il vota pour moi, bien qu'en route il eut été l'objet de toutes sortes d'obsessions.

Voilà, Messieurs les Jurés, les faits dans leur sincérité, et quelle que soit la tournure donnée aux circonstances de la cause, quelle que doive être, en définitive, l'issue de ce triste procès, jamais il ne sortira de ma bouche que la vérité, que je suis décidé à ne pas trahir, même au prix d'un acquittement.

— *Un Juré*. — De quelle couleur était la bourse, il faut que ce fait soit éclairci. — *J. Cassier*. Je ne me le rappelle pas ; elle était en toile.

Me Bac. — Je demanderai si Bouyer a dit spontanément qu'il s'était vendu. — *Le Témoin*. — C'est sur l'interpellation de Bourbon que Bouyer a répondu.

Me Bac. — Mais comment se fait-il qu'après l'élection on eût songé à lui faire un reproche sur un fait qu'il avait proclamé lui-même. Dans une certaine circonstance quelqu'un n'a t-il pas mis 100 fr. dans la main de Bouyer ?

Bouyer. — Oui, c'est M. Junien qui me fit chercher par Cassier son agent ; il me dit : voilà 100 fr., en ce moment M. Barny entra et je remis les 100 fr. où il les avait pris.

M. le Président. Vous n'avez pas demandé pourquoi vous les receviez. — Non. — Cela paraît assez extraordinaire.

Me Léon Duval. — Ils ont été interrompus par un tiers ; ils n'ont pas eu le temps de s'expliquer. Au reste Bouyer vous dit ne pas les avoir reçus.

Jean-Baptiste Faure, cultivateur à Sardent, a rencontré Bouyer, le 25 septembre , qui lui dit avoir acheté un cheval 18 pistoles , que M. Boutmy avait offert de payer. Il a entendu dire que Barret avait été vendu 1,000 fr. Le jour des élections , Bouyer lui dit : On m'a rogné les ongles, je n'ai eu que 25 louis. Barret , à l'auberge , lui dit : Je vote avec vous ; ma femme m'a pourtant vendu pour 100 pistoles *(Hilarité générale)*. Le soir, Barret, en sortant de chez Tabanon , me dit : Je lui ai remis son billet , mais je lui ai arraché 100 fr.

Villard a dit au témoin : J'ai peur de vous avoir fait de la peine en votant pour M. Boutmy, mais quatre ou cinq jours avant les élections , M. Boutmy m'a offert l'argent nécessaire pour mes affaires. Je dois 8,000 fr. à M. Mosnier ; M. Mosnier m'ayant dit qu'il voulait les intérêts , je fis part de mes embarras à Barraige qui les dit à M. Boutmy lequel s'engagea à me prêter 8,500 fr. , et comme j'avais besoin de 200 fr. tout de suite, M. Boutmy appela Mme Baraige et lui dit : Prêter 200 fr. à Villard ; ce que celle-ci s'empressa de faire.

M. le Président. — Villard , ce que dit le témoin est-il vrai ? — Non , monsieur. Je n'ai pas bougé de chez moi ; je n'ai jamais rencontré M. Faure ; il en impose à la justice.

Villard entre dans des explications , desquelles il résulte que M. Mosnier, à qui il devait 8,500 fr. , lui écrivit , quelques jours avant les élections , pour lui demander le payement de ses intérêts, en le menaçant d'exiger le capital ; il fit part de son embarras à Baraige , qui lui dit que M. Boutmy pourrait peut-être lui prêter cette somme. En effet, quelques jours après, il fut mis en relation avec M. Boutmy , qui ne voulut pas prêter immédiatement , mais qui promit de le faire après les élections. Des conventions , rédigées par Me Rioublant , constatèrent cette promesse.

M. le Président. — Vous avez dit que vous étiez embarrassé ?

R. — Je n'avais pas mon argent et j'avais reçu une lettre de M. Mosnier. Pour un paysan , 8,000 fr. c'est beaucoup d'argent.

M. le Procureur du roi. — M. Mosnier a-t-il cherché à vous faire craindre une demande en remboursement ?

M *Léon Duval.* — Je vais lire la lettre ; la voici :

« Vous êtes tellement en retard de me payer le montant des intérêts que vous me devez, que je suis forcé de vous dire que si le 17 septembre courant vous ne me les avez acquittés, je serai forcé d'exiger le remboursement de mes capitaux. Je veux aussi régler avec vous pour les intérêts de plusieurs années, que vous ne m'avez pas entièrement payés. »

Tout est remarquable dans cette lettre, la date du 14 septembre, indiquant le 19 comme date fatale (l'élection devait avoir lieu le 26). C'est là assurément une lettre menaçante.

M. le Procureur du roi. — C'est ce qu'on verra. Nous la trouvons au contraire très-bénigne.

M. Boutmy. — Messieurs les Jurés, vous avez entendu la déposition du témoin Faure ; il importe que vous puissiez apprécier quelle foi méritent ses paroles. Le témoin, la veille au soir de la première élection, me prenant la main, m'assurait de son dévouement et me recommandait de l'envoyer chercher de bonne heure pour faire partie du bureau ; eh bien ! c'est ce même homme qui, recevant mission de plusieurs électeurs, d'écrire leur bulletin en ma faveur, inscrivait subrepticement le nom de mon concurrent et se vantait hautement de cette prouesse à un mien ami qu'il prenait pour un adversaire. Ce même témoin est cabaretier, et c'est chez lui qu'ont lieu tous les conciliabules où s'est ourdie la trame qui m'amène aujourd'hui devant vous.

Le prévenu Bouyer nie formellement avoir dit à Faure qu'il m'avait vendu son suffrage. Bouyer est un propriétaire aisé, c'est en outre un honnête homme, jamais il ne m'a parlé d'argent ; jamais je ne lui en ai offert, et tous ces propos sont des inventions nées de haines implacables.

M. le Président. — Et Villard ?

M. Boutmy. — Je ne connaissais pas cet électeur, jamais je ne suis allé chez lui ; seulement j'appris que Villard était résolu à ne plus donner sa voix à M. Lachapelle parce qu'il avait été violenté par M. Tixier, receveur à Bourganeuf, à l'occasion de son vote à la dernière élection, et menacé, s'il ne votait pas contre

M. Boutmy, de poursuites pour une créance de 8,500 fr., par lui due à M. Mosnier. Villard qui ne manque pas d'une certaine dignité, se voyant conduit ainsi au scrutin comme une bête de somme, s'était révolté contre cette tyrannie et s'était promis de s'y soustraire. L'élection ayant été cassée par le Conseil d'état, le collège départemental fut convoqué de nouveau, et un ami de Villard vint me parler de la position qui était faite à cet électeur et me demander si je voulais lui venir en aide. Je consentis à rendre à Villard son libre arbitre et je promis de lui prêter la somme dont il était débiteur, mais en cas seulement de poursuites de la part de son créancier. Je ne vous connais pas, me dit Villard, quelle garantie ai-je que vous tiendrez votre promesse. M. Rioublant, qui était présent, proposa de rédiger une déclaration que je signai et que je remis à Villard, en lui disant : maintenant que vous êtes libre, votez comme vous voudrez.

Villard ayant besoin de 200 fr., demanda cette somme à Baraige qui la fit compter par sa femme, et il confia aux mains de Baraige, la déclaration qu'il avait reçue de moi, pour lui être rendue quand il la demanderait.

Là se sont bornés mes seuls rapports avec Villard. Je n'ai nullement acheté son vote ; je n'ai fait que lui rendre son libre arbitre et le soustraire à la tyrannie qui l'opprimait.

M. le Président. — Vous prêtiez à 2 1/2 pour cent ; pour qu'elle raison prêtiez-vous à un taux aussi bas, dans un pays et à des gens que vous ne connaissiez pas ?

M. Boutmy. — Je suis bien aise de l'observation, car, à ce propos, je vais relever l'épithète de *candidat parisien* que le ministère public m'a donnée hier.

M. le Procureur du roi. — Il n'y a rien de défavorable dans ce mot.

R. — Je suis, messieurs les Jurés, tout aussi *Creusois* que M. le Procureur du roi. Il y a bientôt 15 ans que j'appartiens à ce pays ; — que je suis un des vôtres ; — que mon nom figure sur vos listes ; — que j'ai uni mes intérêts aux vôtres ; que je vis en partie au milieu de vous. Je crois avoir été quelquefois assez heureux pour me rendre utile, soit à des individus, soit à des intérêts collectifs; Demandez si jamais j'ai attaché à ces services un prix, une condition, que je ne puisse hautement avouer.

Villard, en me demandant un prêt d'argent me dit : j'aurai des frais de notaire, enregistrement, etc., ma propriété ne me rapporte que 3 p. %. Cette considération me toucha. Je ne suis pas un prêteur d'argent. Il y a des entrepreneurs de roulage, des receveurs particuliers qui font ce métier-là. Ce n'est pas le mien.

M. le Président. — Ce n'est pas vous qui avez exigé le dépôt de la déclaration entre les mains de Baraige ?

R. — Non, monsieur, elle a été entièrement libre et spontanée de la part de Villard.

M. le Président interroge le prévenu Rioublant sur le fait attribué à Villard. Celui-ci affirme que la remise de la déclaration n'était pas exigée par M. Boutmy.

M. le Président au prévenu Baraige : qui vous a remis la déclaration ? — R. Villard. — D. Rioublant était-il présent ? — Non, monsieur, il était sorti. — D. Étiez-vous présent lorsqu'il fit la déclaration. — R. Oui. — D. Fut-il convenu entre Villard et Boutmy que la déclaration vous serait remise. — R. Non, monsieur. — D. Pour quels motifs vous l'a-t-on donnée ? — *R.* Je l'ignore.

Me Bac. — Villard a dit (ce sont ces propres paroles) : j'avais confiance en Baraige, je voulais contracter l'emprunt et je craignais de perdre cette pièce.

M. Boutmy. — M. le Président voudrait-il demander au témoin Faure si ce n'est pas chez lui que descendent les adversaires de ma candidature et que se tiennent leurs conciliabules ? — *M. Faure.* Nous recevons les autres comme vous, M. Boutmy, car vous êtes souvent venu chez nous et nous vous avons toujours bien reçu (*On rit*), et comme vous payez très-bien, très-bien, nous serons content de vous y voir souvent (*Hilarité générale*).

M. Boutmy. — Je n'ai mis qu'une seule fois mon cheval dans l'écurie du témoin. — R. Venez toujours quand vous voudrez, nous vous recevrons bien encore (*On rit de nouveau*).

Me Léon Duval. Il fait prospectus à l'audience ; c'est une réclame pour son établissement

Jean-Baptiste Junien, huissier à Sardent. — En décembre 1845, Bouyer me manifesta le regret de n'avoir pas voté pour M. Tixier-Lachapelle, concurrent de M. Boutmy; plus tard il me promit de voter pour M. Lachapelle. Le même jour, Cassier me dit : M. Boutmy a promis d'exempter le fils de Bouyer du service militaire, et celui-ci a promis son suffrage. Je répétai ces propos quelque temps après à Bouyer; il me répondit : il a bien été question de cela, mais c'est du pain trop long à cuire *(On rit)*. Je ne donnerai mon suffrage que contre un prix convenu et payé d'avance.

Bouyer, interpellé par M. le Président, nie la déposition. Bourbon m'a dit seulement : Vous êtes donc vendu? Oui, ai-je répondu, pour me débarrasser des obsessions dont j'étais l'objet.

M. le Président. — C'est bien à vous, témoin, que le propos a été tenu. — R. Oui, c'est bien à moi que le propos a été tenu.

Me Bac. — A quel propos et dans quel but Cassier et le témoin faisaient-ils à Bouyer de fréquentes visites pour chercher à connaître son opinion ou son vote. — R. Je préférais M. Tixier de Lachapelle à M. Boutmy et j'usais de mon influence en faveur de M. Lachapelle.

Me Bac. — Le témoin a-t-il mis une somme de 100 fr. dans la main de Bouyer. — R. Voilà le fait : le dimanche qui précéda l'élection, Bouyer me dit, je viens d'acheter un cheval, je manquerai peut-être de 100 fr. Je les lui donnai. Il les prit dans sa main, mais il se ravisa et me dit : je recevrai peut-être de l'argent aujourd'hui, je reviendrai et il me remit la somme.

Bouyer déclare que l'argent lui a été offert sans qu'il l'ait demandé et qu'il lui a dit : tenez, voilà 100 fr. pour attributs ou pour ce que vous voudrez.

Silvain Bourbon, propriétaire. Le 25, M. Boutmy est venu chez moi accompagné de M. Rougeron, il me prit à l'écart et me pria de profiter de sa maladie pour ne pas aller à l'élection; qu'il venait de la part de M. de Girardin, qui regrettait de ne pas venir lui-même; et qui oubliant ce qui s'était passé aux élections de Bourganeuf, le priait de ne pas venir à celles de Pontarion, de se mettre au lit et de prétexter un état de maladie. M. Boutmy ajouta : Lachapelle m'a donné un souflet aux dernières élections; je lui en donnerai deux aux prochaines. S'il faut 150,000 fr. je les dépenserai pour me faire nommer. Le lendemain je dînai à la Chapelle, au presbytère, Barret y était, sa belle-mère ne voulait pas le laisser avec nous. Il me dit : J'étais chez mon beau-père ; on a voulu à toute force me faire accepter un prêt de 14,000 fr. à 2 p. %. M. Boutmy a fait cadeau d'un billet de banque à ma femme en mon absence. Le jour de l'élection, Barret dit au témoin : On a voulu me donner encore 4,000 francs, avec le billet donné à ma femme, cela ferait 5,000 francs. Le témoin révèle les faits qui sont dans la déposition des témoins relative aux aveux faits par Bouyer le jour de l'élection de Pontarion.

M. Boutmy. — Je demande à donner quelques explications sur la déposition du sieur Bourbon qui comme, toutes les autres, dénature sciemment les faits. Je suis allé, en effet, chez le sieur Bourbon, mais je ne me suis nullement servi, auprès de lui, du nom de M. de Girardin qu'on s'est plu à mêler à ce débat, auquel il est et doit rester étranger. — Bourbon me dit être malade et qu'il n'irait pas voter; — je l'engageai à persister dans cette résolution; — il me dit alors je resterai chez moi, si surtout, comme vous paraissez le croire, vous devez triompher ; — mais j'ai bien peur que vous vous fassiez illusion, car M. Pouyat, beau-frère de M. Soubrebost est disposé à dépenser 150,000 francs pour faire réussir M. Lachapelle. — Il me dit ensuite qu'il aurait sans doute besoin de mon appui pour placer son fils et je le quittai persuadé qu'il ne viendrait pas voter.

C'est ce même témoin qui, aux élections dernières du député, lui disait : *Comptez sur mon concours,* et qui allait recruter de porte en porte des voix à son concurrent !

Bien que sur le fait Barret je doive avoir l'occasion d'entrer ultérieurement dans des explications étendues, je ne veux pas que MM. les Jurés restent sous l'impression de la déposition qu'ils viennent d'entendre et dont la fausseté ressortira, je l'espère, des débats qui suivront.

Baret que je ne connaissais pas ; — que je savais avoir voté pour M. de Lachapelle aux élections dernières, me fit dire par plusieurs de mes amis que bien qu'il eut donné son suffrage à ce candidat, il avait fort à s'en plaindre. Que M. Lachapelle l'avait indignement trompé aux dernières élections ; — qu'étant parti pour Châteauroux, l'avant-veille du scrutin, il avait fait courir après lui ; l'avait forcé de vendre ses bœufs à tout prix, pour revenir voter, et qu'il l'avait promené jusqu'à la cassation de l'élection, pour lui rembourser sa perte. — Qu'en outre, il avait promis de lui prêter une somme ds 10,000 fr. ; mais, qu'après l'avoir promené d'ajournements en ajournements pour lui faire compter cette somme, il lui avait dit que le prêteur venait de s'empoisonner et que le prêt ne pouvait plus avoir lieu.

Barret me parla ensuite du désir qu'il avait de vendre sa propriété, et à défaut de cette vente, de la nécessité d'un prêt de 12,000 à 14,000 fr. que je consentis à lui faire au taux de 2 p. %. Il me demanda un engagement qui fut écrit par M. Rioublant et signé par moi ; — puis il m'exprima son embaras immédiat relativement à une somme de 1,000 fr. qu'il devait au fermier de M. Lachapelle. Je lui dis que, n'ayant pas cette somme sur moi, je la lui porterais le lendemain et que je profiterais de cette circonstance pour visiter sa propriété. En effet, le lendemain, je me rendis à Lécuras, accompagné par le sieur Rogéron. Je m'arrêtai devant la porte de la maison de Barret, sans descendre de cheval, et deux femmes se mettant à la fenêtre dirent que Barret était chez son beau-père, à la Maison-du-Bois. Elles appelèrent un petit garçon de 10 ans qui était à quelque distance et qui s'offrit de nous conduire, mais je ne parlai pas à la femme Barret et je déclare ici que je vois cette femme pour la première fois. — La fable qui consiste à dire que j'ai remis un billet de 1,000 fr. à cette femme est donc une odieuse invention qui ne résistera pas à la discussion.

Christophe Clémenson, cultivateur à Marc.

Me *Théodore Bac*. — Ce témoin est le beau-frère du prévenu Bouyer. Sous l'impression du sentiment de moralité qui a dicté les dispositions 'de l'art. 322 du Code d'instruction criminelle , M. le juge d'instruction avait d'abord refusé de l'entendre. Le même sentiment me détermine à m'opposer à son audition.

M. le Procureur du roi. — La déposition de ce témoin nous a semblé d'une certaine gravité. C'est pour cela que nous l'avons appelé. Il est vrai que le juge d'instruction avait d'abord refusé de l'entendre. Mais en cela il a manqué à son devoir.

Me Théodore Bac vivement. — Tristes effets des passions politiques ! Tout rôle s'intervertit , et me voilà forcé, moi, de défendre les agents de la justice. Eh quoi ! dans cette cause pleine de scandales , il se produit un scandale de plus ; un beau-frère , le mari de la sœur d'un prévenu , presqu'un frère , vient dire à son frère : Tu t'es vendu ! la loi réprouve ce spectacle de la famille se déchirant et se souillant elle-même ; le juge d'instruction, dans sa prudence , dans sa conscience , pense qu'il est inutile, dans une affaire où s'agitent tant de haines , de constater, comme pour le rendre plus fécond , un ferment de haine de plus , et l'on proclame , du haut du parquet , que ce magistrat a manqué à son devoir. Ah ! messieurs, cela m'autorise à demander s'il ne l'a pas aussi bien compris , ce devoir, que ceux qui , connaissant les prohibitions de la loi , sachant l'inutilité d'un témoignage , qui , après tout , ne contient que des faits dont déposent dix témoins , ont , au mépris de la morale , appelé Clémenson , comme pour se donner le douloureux plaisir de mettre deux frères aux prises !!

M. le Procureur du roi. — On n'a pas le droit d'attaquer ainsi mes intentions.

M. le Président. — Je ne souffrirai pas que le ministère public soit attaqué. Tous les témoins , même les membres de la famille, doivent être entendus dans l'instruction , et M. le juge d'instruction a eu tort de ne pas entendre Clémenson. Ici il pourrait être entendu s'il n'y avait pas d'opposition , et on a eu raison de l'assigner.

Me Théodore Bac. — Je persiste dans tout ce que j'ai dit. Quand on dit d'un magistrat qu'il a manqué à son devoir ; quand ce magistrat, injustement accusé, n'est pas là pour se défendre; quand il n'a fait qu'obéir au bon sens , à la conscience , aux instincts les plus purs de la raison et du cœur, c'est un droit , c'est un devoir pour moi de protester avec énergie contre ce que j'appelle une injustice , et de renvoyer le reproche à ceux qui le font. — Sans doute , la loi ne limite pas le droit du juge d'instruction , mais ce droit trouve dans la conscience et dans le sentiment des convenances , une limite qu'il est honorable de respecter. Je m'associe , autant qu'il est en moi , à la pensée du juge d'instruction , en persistant dans mon opposition.

M. le Procureur du roi. — Du moment que l'on s'oppose à l'audition du témoin , il ne sera pas entendu. Mais il aurait dû l'être dans l'instruction. En refusant de l'entendre , le juge instructeur a fait une confusion entre les règles de l'instruction écrite et celle du débat oral ; il s'est trompé. Du reste , ce n'était pas le juge titulaire , c'était un suppléant , et son erreur s'explique par son inexpérience.

Mᵉ Théodore Bac. — J'accepte ces explications. Si l'on avait parlé d'erreur et non de manquement de devoir , il n'y aurait pas eu de débat.

La déposition du témoin n'est pas entendue.

Mari.n Pinguet , meunier au Marc ; Clémenson jeune lui a dit : Les bourgeois nous caressent bien depuis quelque temps. On donnerait bien 200 fr. pour une voix. Après les élections , il rencontra Barret qui lui devait de l'argent , il lui dit : Ma foi , je vais te donner de l'argent de M. Boutmy.

Jean-François Mosnier , juge de paix à Royère ; Villard lui devait , il réclama de lui ses intérêts. Le 25 septembre , l'avant-veille des élections , il vint le payer , il lui dit qu'il allait changer de parti ; qu'on avait promis 3,000. fr à un homme de la commune. Cela arrange bien les affaires d'un homme , ajouta-t-il. — Vous a-t-on promis de l'argent ? — Non. M. Boutmy et Vincent sont cependant venus et on m'a promis de faire exempter mon fils aîné. J'ai remercié. — Il ne me dit pas si c'était Boutmy ou Vincent qui lui avait fait cette promesse.

Villard persiste à dire que M. Mosnier lui avait fait des menaces, en lui disant qu'il voula t faire mettre en règle son titre et prendre inscription. Il lui dit que s'il ne votait pas pour M. Lachapelle il ne serait pas content.

M. le Président. — Ce n'est pas une menace.

Me Léon Duval. — Les véritables menaces sont dans la lettre de M. Mosnier à Villard , à la date du 14 octobre *(Voir plus haut, page* 5 *).*

Me Lasnier. — Villard vous a-t-il dit quelle était la personne qui l'avait menacé en votre nom.

M. Mosnier. — Assez de passions s'agitent dans cette affaire, pour ne pas en exciter davantage en citant des noms; ce n'est pas M. Lachapelle, je le jure.

Me Lasnier. — Je ne l'ai pas pensé une seconde. — Villard dit que c'est M. Tixier, receveur particulier.

Un Juré. — La dette était-elle exigible une fois les intérêts payés.

M. Mosnier. — Elle était exigible depuis 4 ans.

Joseph Vincent, cultivateur à la Vacheresse ; Villard tourmenté par M. Mosnier qui lui réclamait des intérêts arriérés me dit: M. Boutmy est un homme très-riche, il pourrait me prêter. Il m'engagea à en parler à M. Boutmy, ce que je fis. M. Boutmy ne voulut prêter qu'après les élections. Nous nous donnâmes rendez-vous à Soulier, avec MM. Rioublant et Boutmy. Là, il fut arrêté que M. Boutmy prêterait à Villard 8,500 francs à 2 et 1/2 p. 0/0. Une déclaration, signée par Boutmy, fut donnée à illard.

Léonard Bouteille, cabaretier à Janaillat; Carteron lui a raconté que Villard lui avait dit avoir emprunté à M. Boutmy 8,500 fr. Carteron avait averti Villard que la loi punissait ceux qui vendait leur suffrage. Carteron rappelé nie ce propos. Cependant il avoue lui avoir recommandé de ne pas faire ses affaires en public. Je ne connaissais pas à cette époque l'art. du Code civil, dit-il.

Léonard-Louis Tixier, ancien percepteur , dépose dans les mêmes termes à peu près que les précédents témoins , ce qui se rapporte à l'emprunt fait par Villard ; celui-ci a dit aussi que

Meunier , beau-père de Barret , avait fait le même arrangement pour son gendre , et que M. Boutmy devait lui prêter 12,000 fr.

Le jour des élections , M. Périchon a dit au fermier que M. Boutmy était venu lui demander son suffrage. Il n'avait pas voulu lui promettre. M. Boutmy offrit de lui prêter 2,000 fr. pour le dégager d'un cautionnement qu'il avait consenti. Périchon ayant refusé , M. Boutmy voulut employer l'intimidation. Il dit : il y a eu un incendie chez votre voisin; prenez garde, on pourrait vous inquiéter à ce sujet. Périchon résista. M. Boutmy revint le soir , mais inutilement.

Le jour de l'élection, un peu avant la fermeture du scrutin , le témoin trouva Barret au café, lui demanda s'il n'allait pas voter. Il répondit : je suis bien tourmenté. Savez-vous qu'un homme dans ma position, auquel on offre 5,000 fr. , il y a matière à réfléchir. Conseillez-moi, que feriez-vous à ma place? Il y a d'un côté, répond le témoin, 5,000 fr. avec la honte et le déshonneur, de l'autre le devoir d'honnête homme, de bon citoyen; c'est là un bel héritage à laisser à ses enfants. Il me prit sous le bras et me dit : vous avez raison , plus d'honneur et moins d'argent; allons voter pour M. Lachapelle. (Marques d'incrédulité dans l'auditoire).

Barret remit au témoin le billet de 5,000 fr. qu'il craignait de perdre. Le soir il le lui réclama. Il dit : M. Boutmy a voulu me parier que je ne le lui montrerais pas. — On a dit depuis au témoin que Baret s'était rendu auprès de M. Boutmy. Celui-ci lui aurait parié, non plus 2,000 fr. , mais 100 fr. , somme qu'il lui aurait donnée , sur la remise du billet.

Me *Léon Duval* fait remarquer que l'action de Barret constitue une véritable escroquerie.

M. Boutmy donne quelques explications sur les différentes parties de la déposition de M. Tixier. Il dit que M. Périchon lui déclara qu'il s'abstiendrait , ne voulant se brouiller ni avec M. Lachapelle , ni avec lui. — Le matin , on lui dit que M. Tixier était venu chez M. Périchon et avait changé la détermination de cet électeur. Parce qu'il avait obtenu du créancier de M. Périchon l'autorisation de poursuivre s'il ne votait pas.

On avait dit à M. Boutmy que M. Périchon avait été, non pas compromis, mais commis dans un fait d'incendie qu'il avait même été question de poursuites ; il lui demanda si des menaces sérieuses avaient été faites contre lui. Il dit qu'en effet son créancier l'avait fait menacer par un tiers.

Un Juré. — Les 200 fr. ont-ils été touchés par Villard avant ou après l'élection ?

M. le Président. Maury, le savez-vous. — R. Le jour de l'élection, après l'opération, il me dit : je tiens mes 200 fr. dans ma poche. Quelques jours après il me dit : on prétend que ceux qui ont reçu de l'argent seront poursuivis, je n'en ai pas reçu. — Cependant tu me l'a dit le jour de l'élection. — Oui, mais c'était 200 fr. donnés par la femme Baraige pour les frais de la quittance.

M. Boutmy. — Je suis étranger aux 200 fr. donnés à Villard. Il doit 180 fr. ou 120 fr. à Baraige. Je n'ai pas donné d'argent à Baraige, ni à aucun autre, et j'attendrai que l'on le poursuive pour exécuter mon engagement.

M. Erasme Pinpanneau, notaire et maire à St-Georges ; Villard lui dit qu'il ne voterait plus pour M. Lachapelle ; qu'on lui avait prêté de l'argent à 2 1|2 p. °|₀, à condition qu'il voterait pour M. Boutmy, et qu'il avait déjà reçu un à compte.

Mᵉ Lasnier. — Quelle somme ? — je l'ignore. — Vous l'avez dit ?....

M. le Procureur du roi. — Il a dit 400 fr. — *Mᵉ Lasnier.* Il fallait le lui laisser dire.......

Villard repousse par des dénégations énergiques ces dépositions. Vous étiez tous après moi, dit-il, je n'ai pas dit qu'on m'avait donné un à compte.

La séance est levée et renvoyée au lendemain à dix heures.

Audience du samedi 1er mai.

A dix heures et demie, l'audience est ouverte ;

M. *Niveau de Villedary*, juge à Chambon, a entendu dire que M. Boutmy avait donné à Barret un billet de 1,000 fr. M. Lavaud confirma le fait et lui offrit de lui en fournir la preuve. Ils furent trouver Barret dans un café. M. Lavaud lui demanda le billet. Barret s'empressa de le montrer, et dit que M. Boutmy avait donné ce billet à sa femme ; le témoin l'engagea, dans son propre intérêt, à ne point faire usage de ce billet et lui dit qu'il y avait dans le Code pénal un article qui punissait ce délit.

Jean-Baptiste Leguet, dépose des faits relatifs à Barret et à Villard.

Jean-Baptiste Simonnet, huissier à Pontarion, dépose du fait Villard ; sur sa demande, Villard lui a communiqué la déclaration de M. Boutmy dont il reproduit de mémoire les termes.

Un débat s'engage entre lui et la défense sur l'exactitude de cette reproduction : on adresse à cet officier ministériel le reproche d'avoir sollicité la confiance de Villard, son client, pour la trahir.

M. *Léonard-Louis Tixier*, ancien receveur à Bourganeuf, reproduit, relativement au fait Périchon, la déposition du témoin, son homonyme.

Louis Périchon, maire de Thauron, a reçu la visite de M. Boutmy ; celui-ci lui a offert un prêt de 2,000 fr. qu'il a refusé. Relativement au fait d'incendie, il n'a pas interprété ce que lui a dit M. Boutmy comme une menace. Il avait reçu, il y a quelques années, une lettre de M. Bonnin, alors substitut à Bourganeuf, aujourd'hui juge à Guéret, mais cette lettre était relative à son gendre, et ne concernait que des faits sans importance.

M. *Bonnin*, entendu en vertu du pouvoir discrétionnaire, confirme cette explication.

On appelle le témoin Barret, dont l'importante déposition exige des développements qui nous obligent à renvoyer la suite de cet apperçu à demain.

Guéret, imprimerie Dugenest.

Assises de la Creuse.

PRÉVENTION

D'ACHAT DE SUFFRAGES

Contre MM. BOUTMY, RIOUBLANT, BARAIGE, VILLARD et BOUYER.

Fin de l'audience du samedi 1er mai.

M. Boutmy. — Périchon ne m'a-t-il pas dit que, ne voulant se mettre mal avec personne, il profiterait de la coincidence de la foire de Vallières avec l'élection pour ne pas aller à Pontarion prendre part au scrutin. — Oui! N'est-ce pas encore le témoin qui, le lendemain me dit : j'ai été forcé de changer de résolution. — M. Tixier, de Bourganeuf, est venu, et une créance que je dois à M. Rouchon et qui est depuis longtemps exigible est la cause de ma nouvelle détermination. — *R.* Non, ce n'est pas moi qui en ai parlé le premier. — Quelle lettre M. Périchon est-il allé chercher dans sa chambre pour me la montrer? — *R.* C'était une lettre de M. Bonnin, substitut, à mon gendre? Cette lettre ne disait-elle pas que vous aviez besoin de rester bien avec la justice? Non, je ne me rappelle pas.

M. Thoveyrat, propriétaire à Vidaillat (nous rétablissons cette déposition qui avait été omise hier). M. Boutmy a dit au témoin que si sa position vis-à-vis de M. Pouyat, à qui il devait de l'argent, le gênait dans son vote, il mettrait à sa disposition les fonds nécessaires pour se libérer.

Le témoin lui dit : je me suis occupé de remplacement; je sais ce que c'est qu'un *vendu*; je suis trop vieux pour me vendre. —

Le jour de l'élection, on prétend't que le témoin s'était vendu, ainsi que Chansard. — Il proposa à celui-ci d'écrire son bulletin, et réciproquement, c'est ce qu'ils firent.

M. *Boutmy*. — J'admire réellement, messieurs les Jurés, l'art avec lequel certains témoins construisent et développent des fables appropriées à leurs petites passions. — Tout ce que vient de dire le témoin est précisément le contraire de ce qui s'est passé. — J'allai en effet chez M. Thoveyrat, et là, me prenant à part, il me dit : le prêt que m'a fait la famille Soubrebost et le procès grave que j'avais pendant à la cour royale, m'ont empêché de vous donner mon suffrage, mais aujourd'hui le prêt est consommé ; — le procès gagné et je suis plus libre que je ne l'étais alors. — Cependant je ne puis vous faire connaître ma détermination d'une manière précise. — Dites à Ponsat de revenir et il saura si vous pouvez compter sur moi. — Il m'accompagna ensuite pendant une partie du chemin et me parla de la possibilité où il serait peut-être placé de recourir à moi pour l'acquisition de l'étude de Pontarion. — La veille de l'élection, il me déclara, à Pontarion, que malheureusement, il n'avait pu recouvrer sa liberté, et qu'il ne voterait pas pour moi. — En effet, le lendemain les entraves qui l'enlaçaient étaient telles, que lui, ancien premier clerc de notaire, dût faire écrire son bulletin par un paysan illettré.

Du reste, messieurs les jurés, ces faits ne sont pas une invention concertée pour la défense. — Dès le 15 novembre dernier, je disais dans mon interrogatoire : la protestation est signée par M. Lafleur-Thoveyrat dont le suffrage n'a été acquis à mon adversaire que par suite d'une somme de 10,000 francs que lui a prêtée la famille Soubrebost, — qui, à plusieurs reprises, a déclaré n'avoir voté contre moi que par la crainte de perdre un grave procès à Limoges, et qui récemment m'a demandé d'intervenir dans l'acquisition qu'il projetait d'une charge à Pontarion. Ces faits, je les constatais avant de connaître la déposition de M. Thoveyrat, et je le répète, on ne peut suspecter leur sincérité.

Barret Henry, propriétaire à Lécuras : Baraige son cousin et Meunier son beau-père lui ayant dit que M. Boutmy pouvait lui

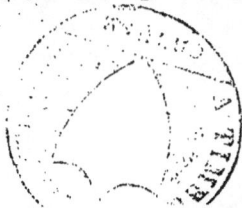

prêter de l'argent à 2 1/2 p. %, ce dernier tomba d'accord avec M. Boutmy pour 12,000 fr.; mais lorsque le témoin se trouva bientôt après en présence de M. Boutmy, il lui dit que ces arrangements ne lui convenaient pas; que c'était 14,000 fr. qu'il voulait à 2 p. %. M. Boutmy consentit. Une déclaration fut rédigée par M. Rioublant, laquelle devait rester entre les mains de son cousin Baraige, et lui être rendue après que son bulletin aurait été déposé en faveur de M. Boutmy. Le lendemain, M. Boutmy passa à Lécuras, il ne rencontra que la femme et la mère du témoin. Il descendit de cheval et dit à la femme : Voilà un petit cadeau que je vous fais. Vous le donnerez à votre mari, il partit et rencontra sur la route Barret et son beau-père. Il dit : Etes-vous décidé ? — Non , vous avez tort ! Quand le témoin trouva le billet chez lui, il ne voulut point le garder. A Pontarion , M. Boutmy refusa de reprendre son billet, il dit au témoin : Combien demandez-vous donc ? Donnez-moi quatre autres billets de banque et je voterai pour vous ! — Je vous le dis franchement ajouta le témoin, si M. Boutmy avait eu sur lui les quatre billets de banque de plus , je votais pour lui !.. (*Rires unanimes dans l'.uditoire*).

Après l'élection, M. Boutmy redemanda son billet. — Barret lui répondit : Je vous le rendrai, je ne l'ai pas. — Je vous parie 500 fr. que vous ne pouvez me le rendre. — Barret sortit prendre le billet chez M. Tixier. — M. Boutmy, dit-il, voulez-vous encore parier ? — Je parie 100 fr. — Eh bien, voilà le billet. — Je lui remis ensuite le billet de banque et je reçus les 100 fr.

M. le Président blâme Barret d'avoir accepté cette somme. Celui-ci répond qu'il le considérait comme le gain du pari.

M. le Président. — N'avez-vous pas acheté votre propriété à M. Tixier-Lachapelle ? — *R.* Non, c'est à M Tramonteil. J'ai payé une partie du prix ; je ne dois payer le reste qu'à la mort de Mme Lachapelle.

M. Boutmy. — M. Pouyat n'a-t-il pas prêté 2,000 fr. à Barret. — R. Non , c'est à Marquet que j'ai emprunté.

Un débat s'engage sur ce point , et il en résulte que Barret a fait à Marquet un effet de 2,000 fr. , que celui-ci a escompté à M. Pouyat à 6 p. %.

La fin de l'audience est consacrée à l'audition de quatre témoins dont les dépositions, sans nul intérêt, ne concernent que des faits connus, sur lesquels ils ne rapportent que des ouï dire.

Audience du Dimanche 2 mai.

A mesure qu'avance le débat de cette affaire, l'intérêt qu'elle avait excité, au premier abord, semble disparaître et s'annihiler, tant les interminables redites des témoins menacent de la prolonger. Aujourd'hui, la salle est presque déserte ; c'est, à la vérité le jour de dimanche, la grand'messe vient de sonner, et cette nuit, un bal, donné par M. le Préfet, a réuni toutes les sommités de la ville.

A dix heures, l'audience est ouverte : M. Lavaud (Jean-Baptiste), maire à Aulon, dépose sur le fait Barret ; Barret lui a dit que M. Boutmy avait donné 1,000 fr. à sa femme, et qu'il lui avait offert 4,000 fr. de plus ; mais il ajouta : Je suis honnête homme ; je ne me vendrai pas pour si peu, et je continuerai à voter pour M. Lachapelle ; si l'on m'offrait 10,000 fr., ce serait autre chose!

M° *Léon Duval* fait observer que la probité de Barret, que le témoin qualifie d'honnête homme, ne serait d'après la déclaration du témoin, qu'une question de chiffre.

Le témoin déclare, en terminant, que le matin de l'élection Barret était ivre ; le soir, il l'était un peu moins.

Guillaume Marquet, fermier de M. Lachapelle, à la Chapelle-Saint-Martial ; 15 jours avant l'élection, Barret s'est trouvé chez lui avec M. Lachapelle, il lui dit qu'il était bien embarrassé, que M. Boutmy lui offrait un prêt à 2 p. %, ou l'achat de sa propriété pour 60,000 fr. et 60 louis. M. Lachapelle lui conseilla d'accepter, en lui faisant remarquer qu'il ne trouverait pas une semblable occasion (*Marques d'incrédulité dans l'auditoire*). Villard lui a de même raconté qu'il se séparait de M. Lachapelle parce que, ayant été tourmenté par M. Mosnier, il s'était trouvé fort heureux de trouver à emprunter 8,500 fr. à 2 et 1|2 p. %. Le soir de l'élection, Barret dit, dans le cabaret de Simonnet (l'huissier), qu'il venait de gagner 100 fr. à M. Boutmy, que c'était de l'argent trouvé; il jeta, en même temps, quatre pièces de 5 francs sur la table, et fit venir quatre bouteilles de champagne.

M. le Président. — Au moment de l'élection, Barret ne vous devait-il pas quelque chose?

Marquet. — Non, monsieur, il ne m'a jamais rien dû. — Voici ce qui s'est passé; Barret vint me dire qu'il avait besoin d'argent, et me demanda si je pouvais lui en prêter. Je lui dis que je n'avais pas d'argent; mais il me remit un billet que j'escomptai pour son compte à M. Pouyat, et dont je lui remis les fonds.

Me Léon Duval demande pourquoi et à quel titre Marquet prêtait sa signature à Barret.

Marquet. — Pour lui rendre service, il me l'a demandé.

Me Léon Duval. — Par pure générosité, par humanité; c'est beau, c'est généreux!

M. Boutmy. — Je prie M. le Président de demander à M. Pouyat si le billet, qui échéait en décembre, a été payé.

M. Pouyat. — Non, il n'est pas payé; à l'échéance, Marquet et Barret sont venus me demander un renouvellement à six mois, que je leur ai accordé.

M. Mosnier, témoin déjà entendu, demande à donner quelques explications sur la lettre qu'il a écrite à Barret, et que nous avons reproduite. Il dit que le même jour il en a écrit dix semblables, et toutes comminatoires. Il sommait Villard de venir chez lui le 19; mais, s'il assignait ce jour, c'est parce que c'était jour de foire. M. Mosnier insiste sur ce point, qu'il ne s'est jamais occupé d'élection; il invoque à cet égard le témoignage de M. Boutmy lui-même.

Me Leon Duval fait observer que le témoin qualifie lui-même sa lettre de comminatoire, tandis que le ministère public lui, la trouve parfaitement bénigne.

Yves Chansard, propriétaire à Coursoux, dépose du fait Barret, dont il a eu connaissance par ouï dire. M. Rioublant lui a demandé sa voix pour M. Boutmy; il raconte qu'aux premières élections, M. Boutmy lui avait fait des menaces parce qu'il ne votait pas pour lui.

M. Boutmy. — M. le Président voudrait-il bien demander au témoin Chansard, ce qu'il est venu lui demander quelques jours avant l'élection, porteur d'une sacoche aussi longue que sa personne.

Chansard. — Moi ?

M. Boutmy. — Vous. Le témoin Chansard n'a-t-il pas dit qu'il devait à un électeur demeurant sur la place une somme de 8,300 fr., et ne m'a-t-il pas demandé de lui prêter cette somme à 2 p. °|₀. Je certifie l'exactitude de ce fait, cette demande me fut faite par Chansard, et comme je refusai, il me dit : oh ! je sais où trouver la somme Et en effet, il trouva la somme dans une maison qui sera citée.

R. — Oui, monsieur ?

M. Boutmy. — Voudriez-vous demander, M. le Président, au témoin s'il n'a pas fait une démarche près de Mme d'Hautefaye pour obtenir d'elle qu'elle cautionnât une somme que son fils lui devait.

R. — Ce n'est pas à moi, c'est à mon beau-père qu'était due une somme. M. d'Hautefaye fils ne paye personne, cela est de notoriété. Je fis il est vrai plusieurs démarches près de sa mère, pour qu'elle consentit à cautionner la créance de mon beau-père. C'était peu avant l'élection.

M. Tixier, ancien receveur. — M. Simonnet pourrait donner des renseignements à cet égard.

M. Simonnet. — Mme d'Hautefaye eût pu, en effet, cautionner cette dette de son fils ; mais elle s'y est refusée et a même désavoué sa propre signature.

Louis Poinsot, cordonnier à Pontarion, dépose du fait Barret, contrairement à la déposition Meunier.

Me Bac. — Le témoin n'a-t-il pas été condamné à deux ans de prison.

Louis Poinsot (avec indignation). — Non, M., jamais je n'ai été condamné à deux ans de prison.

Me Bac. — A quoi avez-vous été condamné ?

Louis Poinsot. — A un an. *(Hilarité générale)*. Des interpellations que M. le Président adresse au témoin, il résulte qu'il a été condamné pour vol.

Jacques Bonnamat, cantonnier à Lachapelle ; Meunier, après l'élection de Pontarion, lui a dit que son gendre avait eu bien tort de ne pas voter pour M. Boutmy qui lui eut prêté 14,000 fr. à 2 p. °/₀. Il rapporte différents propos tenus dans la commune relativement à la nomination d'un nouveau maire, en remplacement du sieur Bourbon.

Jacques-Christophe Létang, dépose, d'après les dires de Vincent, des circonstances du prêt fait à Villard. Il donne aussi des détails, déjà connus, sur le prêt promis à Barret, et sur la remise du billet de 1,000 fr., faite à compte sur la somme de 14,000 fr.

M. Boutmy. — Le témoin n'a-t-il pas adressé de vifs reproches à M. Lachapelle au sujet d'une fable ridicule qu'il avait répandue dans le public.

M. Létang. — Ce n'est pas moi. Ce fut mon fils qui rencontra M. Lachapelle et qui lui dit : mon père est indigné contre vous ; il a appris que vous aviez publié une histoire mensongère et scandaleuse *(hilarité)*, M. Lachapelle chercha à se disculper, et nia que ce bruit eut été répandu par lui.

M. Duval. — M. Lachapelle ne répliqua-t-il pas : ce n'est pas moi qui ai fait mettre cette histoire dans *l'Eclaireur* ; mais dans tous les cas, c'est de bonne guerre ? *(Murmures dans l'auditoire.)*

Alexis Cathy, propriétaire à la Rougerie, commune de Saint-Georges-la-Pouge ; Barret lui a dit que M. Boutmy lui avait offert 60,000 fr. de sa propriété.

M. Théodore Bac. — Barret a dit et soutenu à l'audience, que jamais M. Boutmy ne lui avait parlé d'acheter sa propriété ; que son beau-père lui en avait bien dit quelques mots ; mais qu'il n'avait pas été question de prix.

François Couraud, meunier à Mamimgeas ; le matin des élections, M. Rioublant est venu lui faire reproche de ne pas laisser son père voter pour M. Boutmy. Le témoin dit qu'il a fait ce qu'il a pu pour empêcher son père d'aller voter; mais qu'il n'avait pu y réussir.

Me Bac. —Pourquoi vouliez-vous empêcher votre père de voter?

François Couraud. — Chacun à ses amis et ses ennemis; s'il avait voulu voter pour quelqu'un du pays, je n'aurais pas mieux demandé; mais pour des étrangers, cela ne me convenait pas.

Pierre-Joseph Nicolas, propriétaire à la Chaumette; ce témoin est le beau-frère de Baraige; la défense s'oppose à son audition.

Louis Colas, dit Lointet, métayer et musicien à la Guelle, commune de Maisounisses, rapporte des propos qu'il a entendu tenir relativement à l'offre du prêt de 14,000 fr. faite à Barret.

Léonard Vincent, cultivateur à Montmory, commune de Saint-Eloy, répète sur l'emprunt de Barret les détails reproduits par tous les témoins précédents.

La liste des témoins à charge était épuisée; l'audiencier introduit le premier témoin à décharge; c'est Marguerite Combaud, femme Meunier, belle-mère de Barret. Jamais sa fille n'a vu M. Boutmy, elle le lui a répété plusieurs fois; mais elle a été contrainte de dire autrement.

D. — Est-ce avant les élections qu'elle vous a dit n'avoir jamais vu M. Boutmy?

R. — C'est après; elle me l'a répété plusieurs fois.

M. le Procureur du roi. — Il faudrait confronter cette femme avec sa fille; audiencier, rappelez la femme Barret. — *L'audiencier.* — Elle est sortie de la salle des témoins.

M. le Président donna l'ordre que Barret se mette en quête de sa femme. Barret sort; mais plus d'une heure s'écoule sans qu'il reparaisse, et l'audience se trouve forcément interrompue.

(La suite à demain).

Guéret, imprimerie Dugenest.

Assises de la Creuse.

PRÉVENTION

D'ACHAT DE SUFFRAGES

Contre MM. BOUTMY, RIOUBLANT, BARAIGE, VILLARD et BOUYER.

Fin de l'audience du Dimanche 2 mai.

Michel Létang, interpellé sur la visite par lui faite à Nicolas de la Chaumette, prétend qu'il ne lui a porté aucune lettre de M. Boutmy. — Qu'il ne lui a pas parlé de mairie. — Qu'il l'a seulement prié d'engager son beau-père à donner sa voix à M. Boutmy. — Que les paroles, que lui prête le témoin Nicolas, sont de toute fausseté.

Combaud, femme Meunier; sa fille, la femme Barret, lui a répété plusieurs fois, après les élections, qu'elle n'avait jamais vu M. Boutmy; — qu'elle ne le connaissait pas. — En rentrant dans la Maison-du-Bois, après que M. Boutmy, son mari et Barret en furent sortis, elle trouva du papier, une plume et une bouteille d'encre sur la table.

Jean Meunier. — Le dimanche avant l'élection, M. Lachapelle envoya chercher Barret pour dîner au presbytère. — A son retour, mon père lui demanda ce qu'il était résolu à faire, et pour qui il allait voter. — Il répondit qu'il ne voulait plus voter pour M. Lachapelle. — Que celui-ci l'avait trompé aux autres élections, qu'il lui avait promis de lui faire prêter à 4, et que les élections faites, il ne le regarda plus.

4

Quelques jours après l'élection, je fus à Lécuras, chez mon beau-frère Barret, pour lui emprunter un cheval. — Sais-tu, me dit-il, que l'élection va être annulée, et que ceux qui ont reçu de l'argent de M. Boutmy vont aller en prison. -- Je répondis qu'il ne risquait rien, puisqu'il n'en avait pas reçu. — Tu ne sais donc pas, ajouta-t-il, que M. Boutmy m'a remis un billet de 1,000 fr. chez ton père; mais pour me couvrir, je dirai qu'il l'a donné à ma femme, en passant à Lécuras. — J'ai demandé s'il pensait ne pas se compromettre; je ne crois pas, m'a-t-il dit. J'ai vu Barret, il y a lundi huit jours, je lui dis que mon père m'avait rapporté que lui, Barret, avait fait déposer à sa femme le contraire de ce qu'elle savait, c'est-à-dire qu'elle aurait déclaré que le billet lui avait été remis à Lécuras. — Il me répondit, c'est vrai, j'ai menti et fait mentir; mais je ne pouvais faire autrement pour me sauver.

M. le Procureur du roi. — Voilà la leçon terminée. — *Mᶜ Léon Duval.* -- Prenez garde, vos franchises sont grandes; mais vous n'avez pas le droit de suspecter une déposition faite sous la foi du serment. Il résulte de ce témoignage, de celui de Meunier, de celui de sa femme, que Barret a dit à sa femme : *Je dirai que le billet t'a été donné, pour me couvrir.*

M. le Président. — Barret est-il rentré? — *Une voix.* Il cherche sa femme. *(On rit).*

Meunier fils est rappelé.

M. le Procureur du roi — Qu'avez-vous dit à Colas? — R. Je lui ai dit : mon beau-frère est une fichue bête. Il n'a pas voulu faire une bonne affaire.

Louis Colas. — Vous m'avez dit que votre beau-frère avait reçu 1,000 fr. -- R. Non, je ne l'ai pas dit. — *M. le Président.* — Et Barret. — *Un huissier.* — Il cherche toujours sa femme. On ne trouve ni l'un ni l'autre. *(Hilarité).*

Rogeron. -- C'est moi qui ai accompagné M. Boutmy à Lescuras. -- Nous étions tous les deux à cheval. -- En arrivant devant la maison, je dis à M. Boutmy, ne descendez pas, la charrière est trop sale, je vais demander si Barret est chez lui ; à ce moment, deux femmes se mirent à la fenêtre ; -- je descendis de cheval, j'ouvris la porte de la salle et une vieille femme s'avança me disant que Barret n'y était pas, qu'il se trouvait chez son beau-père à la Maison-du-Bois. — A l'instant même elle appela son petit fils pour nous accompagner, j'affirme, de la façon la plus formelle, que M. Boutmy ne descendit pas, — qu'il ne fut échangé aucune parole entre lui et la femme Barret qui resta à la croisée. — Il a donc été absolument impossible à M. Boutmy, resté sur son cheval, de donner à la femme Barret un billet de banque ou quelque chose que ce fut. — Nous partîmes de Lécuras, nous dirigeant sur la Maison-du-Bois. — Le fils Barret monta derrière mon cheval et nous ne tardâmes pas à rencontrer Barret et Meunier son beau-père étaient sur le chemin. — Nous mîmes pied à terre et ces trois messieurs entrèrent dans la Maison-du-Bois et je gardai les chevaux avec le fils Barret. — Peu après Meunier et Barret sortirent avec M. Boutmy et lui firent voir la partie des bois qui appartenait au domaine de Lécuras. — Barret dit : M. Boutmy, si je vous vends ma propriété, je veux en devenir fermier pour longtemps. — Cela me va très-bien, répondit M. Boutmy. — Après avoir montré à M. Boutmy le chemin du Monteil-Bardoux, ces messieurs se quittèrent.

M. le Président. — Où est le fils Barret ?

Une voix. — Il est sorti. — D. Comment est-il sorti sans autorisation ?

Le témoin. — J'ai parlé à la mère Barret.

M. le Président. — Faites venir la mère Barret. — R. Elle est sortie. (*Hilarité.*)

M. le Procureur du roi. — C'est le témoin qui accompagne toujours M. Boutmy dans ses excursions.

Le témoin. — Monsieur, je dis la vérité.

Le fils Barret est appelé. — D. Qui parlait à ta mère. — R. M. Boutmy. — D. Qui est descendu de cheval ? — R. M. Boutmy. — D. Connais-tu M. Boutmy ? L'enfant se retourne et montrant du doigt le prévenu ; voilà !

M. le Président, sur une observation de Me Bac, t'a-t-on fait la leçon ? — R. Non, Monsieur.

Un Huissier. — Voilà la femme Barret. (*Mouvement d'intérêt.*)

M. le Président. — Femme Barret est-il vrai que vous êtes descendue ? — R. Oui, Monsieur.

M. le Président. — Il y a contradiction formelle et complète. MM. les jurés apprécieront.

M. Drouillette père. — Me trouvant à Bourganeuf, quelque temps après les élections, Barret que je rencontrai me dit : Il y a trois jours, nous étions quatorze à un grand dîner chez M. Lachapelle. — Je fis bien rire tous les convives. — On parla beaucoup de l'affaire de l'élection qui ira loin !

Le soir du même jour, il me dit : Je sors du cabinet du juge d'instruction, et j'ai besoin d'aller parler à M. Tixier.

Lafleur-Thoveyrat, à l'époque des élections du député, je crois, me dit : Je ne sais pas pour qui je voterai. J'au n grave procès à la cour royale de Limoges, et M. Tixier est le premier président, mais je verrai.....

Bouyer avec qui je suis très-bien, puisque j'ai été élevé avec lui, ne m'a jamais dit qu'on lui eut offert ou donné de l'argent. Bouyer est très-honnête homme, et s'il eut reçu de l'argent, il me l'aurait dit.

M. Drouillette fils. — Le jour de l'élection, me rendant en tilbury à Bourganeuf, M. Boutmy vint à moi et me pria de lui faire une commission : celle de prendre, dans son secrétaire, un dossier intitulé : *Affaires diverses;* d'y chercher un reçu signé Baret, et de le rapporter de suite à Pontarion.

Je me rendis au Verger, et par discrétion, ne voulant pas prendre connaissance de tous les papiers de M. Boutmy, j'apportai le dossier tout entier, et je le remis à M. Boutmy qui, un peu plus tard, me dit : J'ai trouvé la pièce que je demandais.

Sur l'interpellation du ministère public, le témoin ajoute qu'il ne fit que jeter un coup d'œil rapide sur le dossier à Bourganeuf, et qu'il y avait indiscrétion à le parcourir tout entier.

Martaud Léonard, aubergiste à Pontarion. — Le jour de l'élection, M. Boutmy paria 100 fr. avec Barret que celui-ci lui rendrait le billet, et sortant de sa poche un reçu, il dit : Barret, je n'ai plus besoin de votre signature qu'il déchira en la séparant du corps de l'écrit. Je rencontrai, quelque tems après, Meunier qui venait de déposer devant le sous-préfet, et il me dit : j'ai dit la vérité, tant pis pour Barret s'il n'en a pas fait autant. — La femme serait bien disposée à la dire, mais ce qui l'en empêchera, c'est que son mari lui donnera des coups de triques. — Alors Meunier me dit qu'il avait été convenu, entre M. Boutmy et Barret, que le premier prêterait à l'autre 14,000 fr., que M. Boutmy avait remis à compte un billet de 1,000 fr., mais qu'il était faux que ce billet eut jamais été remis à la femme Barret. Rencontrant Barret à Bourganeuf, il me dit : je vois bien que je serais compromis ; — j'ai bien fait de lui remettre son billet, tout le monde disait à Pontarion, que la veille de l'élection, M. Lachapelle avait dansé, chez le cabaretier Pizet, avec Barret qui était perdu de vin.

Interpellé par le Président pour savoir si c'était chez lui que descendaient les partisants de M. Boutmy, il dépose affirmativement.

Combien a-t-il été dépensé ce jour là ? 696 fr.

M. Boutmy se levant, il n'y a rien d'étonnant, M. le Président. — Presqu'aussitôt après le scrutin, je repartis pour Paris, et amis et ennemis vinrent s'attabler chez Martaud, et noyer le succès comme la défaite !

Le témoin Colas dépose que Barret lui a toujours témoigné avant l'élection le désir de voter pour M. Boutmy.

Ponsat, maître de poste à la Pouge, confirme ces dispositions de Barret. — Il a accompagné M. Boutmy chez M. Lafleur-Thoveyrat. — Celui-ci dit, devant moi, à M. Boutmy : dans deux où trois jours, je vous rendrai réponse. — Au reste, c'est à Ponsat que je ferai ma confidence. M. Boutmy, à qui je demandai aussitôt dans quelles dispositions il avait trouvé Thoveyrat : très-bien, me dit-il, et il me raconta que celui-ci lui avait dit qu'aux autres élections, il n'avait pas voté avec le parti ; parce qu'il avait à Limoges un procès très-important ; —qu'il devait 10,000 fr. à M. Soubrebost. — M. Boutmy me dit aussi que Thoveyrat lui avait demandé son concours, pour la charge de notaire, à Pontarion.

Le jour de l'élection, je vis Pelingeas acosté après le vote par l'huissier Simonnet qui, lui portant le point sous le nez, lui fit beaucoup de menaces en l'injuriant.

L'huissier Simonnet proteste contre cette déclaration. — Il dit avoir fait seulement des reproches à Pelingeas de la part de l'oncle de ce dernier.

Me Bac, au témoin qui est très-animé et gesticule avec violence en se tournant du côté des défenseurs : il faudrait que Simonnet se tournât du côté de MM. les jurés. Sa figure doit être vue.

Simonnet. — Je n'ai pas à rougir ; c'est vous qui devriez rougir.

Me Bac, avec dignité : la conduite de ces huissiers est plus qu'indécente. Hier, il disait à Me Duval, qu'il lui tiendrait tête, aujourd'hui le voici qui s'avise de m'injurier Cela est intolérable. Que sur la place de Pontarion cet homme se soit impunément livré à ses fureurs, c'est bien. Mais ici, en face de la justice que, comme huissier, il aurait dû apprendre à respecter......

M. le Procureur du roi. — il est témoin ici.

Me Bac. — Et aux pieds de laquelle, comme témoin, il a juré de déposer toute haine, qu'il renouvelle ses expressions injurieuses et ses gestes grossiers, c'est ce qui mérite un châtiment. J'appelle sur ce point l'attention de M. le Président. — Et j'ajoute que cet homme vient de donner la meilleure démonstration de la vérité de la déposition du témoin qui l'accuse d'avoir menacé Pelingeas. Que devait être, en effet, sur la place de Pontarion, dans le feu de la lutte électorale, au milieu de ses camarades, cet huissier qui s'oublie ainsi au milieu de la solennité de cette audience !

M. le Président rappelle Simonet à l'ordre et lui ordonne d'être calme.

Simonet va se rasseoir en murmurant,

Le témoin Ponsat reprenant sa déposition : Le maire de la Pouge me dit que Marie Sylvanton, la cardeuse, qui se trouvait à Lescuras quand M. Boutmy y passa, lui dit qu'au moment où M. Boutmy arrivait avec le nommé Rogeron, elle cardait de la laine avec la femme Barret. — Cette dernière dit . Oh! voilà deux personnes qui viennent. Je crois que M. Boutmy s'y trouve ; je suis bien trop salé pour le recevoir ; — dites lui que mon mari n'y est pas ; qu'il est à la Maison-du-Bois , chez mon beau-père.

Tabanon , maire de la Pouge , confirme tous ces faits.

Marioton , percepteur à Sardent , parle d'une conversation qu'il eut avec Barret et Meunier , à Soulié , quelques jours avant l'élection ; — Barret lui dit avoir fait une bonne affaire avec M. Boutmy , et il calculait le bénéfice qu'il retirerait de son prêt. — Mais comment se fait-il que vous abandonniez M. Lachapelle ;— Il m'a fait , répondit Barret , des promesses qu'il n'a pas tenues.

Faure, le soir du scrutin , me dit que cette élection coûtait bien 3,000 fr. à M. Lachapelle.

Faure , se présente et dit qu'il entendait par ces paroles exprimer tous les frais de procès et autres qui avaient eu lieu.

Pelingeas , meunier ; dépose que M. Lachapelle est allé lui dire que s'il avait besoin d'argent il lui en ferait prêter. Il dit à M. Boutmy: en votant pour vous, je crains bien que plusieurs de mes créanciers ne me poursuivent. — M. Boutmy me promit en cas de poursuites de me prêter la somme sans spécifier le taux d'intérêt.

Couraud , meunier. — Barny est venu chez moi de la part de M. Tixier-Lachapelle pour m'engager à voter pour ce dernier , que si je voulais voter pour lui, je n'avais qu'à aller chez Junien, huissier , prendre un mandat et le porter chez M. Tixier à Bourganeuf , qui me prêterait tout l'argent dont j'aurais besoin. Un jour entr'autres , il me dit : Je vous donne 100 fr. de ma poche , si vous voulez voter pour M. Tixier-Lachapelle. — Le samedi il m'engagea à le suivre à Guéret , me disant que nous nous cacherions pour revenir le lundi.

M. Boutmy ne m'a jamais rien offert. On m'a souvent menacé , si je votais pour M. Boutmy.

Audience du Lundi 3 mai.

A dix heures , l'audience est reprise. Le bruit se répand dans la salle que la défense compte renoncer à l'audition du plus grand nombre des témoins qu'elle a assignés.

M. Tixier-Lachapelle, juge à Guéret. — Je sais fort peu de choses relativement à l'affaire. — Aux élections de 1846, Bouyer me dit qu'il voterait pour moi ; — je lui dis que j'en doutais, parce qu'à l'autre élection, il avait fait écrire son bulletin par un électeur du camp adverse. Lorsque vint l'élection, on me dit qu'il avait voté contre moi pour de l'argent que j'ai entendu dire qu'il avait reçu ; mais je ne sais rien de sûr à cet égard.

Quant à Villard, c'était un électeur sur qui je croyais pouvoir compter ; — il vint me voir pour me dire qu'on lui offrait de lui prêter de l'argent, mais que quelque chose que l'on fît pour le détourner, je devais compter sur lui. La veille de l'élection, j'appris que cet électeur ne voterait pas pour moi. — Dans la salle des élections, il me dit : Ne m'en voulez pas ! Voilà les seuls faits que je connaisse.

M⁰ Léon Duval. — Comme M. Tixier-Lachapelle vient de parler d'argent, nous désirerions savoir de lui s'il n'a pas promis d'obtenir, pour le fils Lafaye, une bourse, à condition que son vote lui serait acquis, ajoutant que, s'il ne l'obtenait pas, il concourrait, pour une certaine somme, à l'éducation du jeune homme.

M. Tixier-Lachapelle. — Je ne répondrai qu'aux questions de M. le Président.

Le Président adresse la question au témoin.

R. — Lafaye avait voté contre moi aux premières élections, il vint me dire qu'à la précédente, je pouvais compter sur lui. Il me parla d'un enfant qu'il avait au collége d'Ajain et me dit qu'il voudrait le faire admettre à l'école normale. Je lui répondis que cette école était ouverte à tout le monde, mais qu'il fallait être plus instruit que ne l'est son fils. — Il me demanda alors si je pouvais, jusque-là, être utile au jeune homme ; je lui dis que je le prendrais comme domestique chez moi, et que je l'enverrais à l'école des Frères.

M⁰ Léon Duval. — Maintenant me permettra-t-on de demander à M. Tixier-Lachapelle s'il n'est pas vrai qu'il ait prêté ou fait prêter de l'argent à Barret à une époque contemporaine, soit des élections de décembre 1845, soit de celles de septembre 1846. — M. Tixier-Lachapelle est témoin, j'ai le droit de le discuter ; Barret est témoin aussi; il a nié que M. Tixier lui eut fait prêter de l'argent, j'ai le droit de prouver qu'il a menti.

R.— Je n'ai jamais prêté ou fait prêter d'argent à Barret.

M. le Président. — Il a été dit que vous aviez promis à Barret de lui faire prêter de l'argent par une dame , puis, plus tard , pour vous débarrasser de lui, vous lui auriez dit que cette dame était morte.

M. Tixier - Lachapelle. — Barret est mon voisin ; — il avait besoin d'argent et m'en parla ; — Mme Pergaud, amie de ma femme, désirait faire des placements ; — je lui parlai de Barret qui voulait emprunter 6,000 fr., et elle me dit qu'elle ferait l'affaire aussitôt que des fonds lui rentreraient. Mais cette dame mourut, et l'affaire ne fut pas faite; ce sont les seules affaires d'intérêt que j'ai eues avec Barret, mon voisin.

M. Léon Duval. — Je demande si, dans d'autres circonstances, M. Tixier - Lachapelle n'a pas prêté ou fait prêter d'argent à Barret ?

M. le Président. — Entendez-vous établir un fait effectué , enfin des faits accomplis ?

Me Léon Duval. — Oui , M. le Président !

M. Tixier-Lachapelle. — Non , monsieur, je n'ai jamais prêté ou fait prêter d'argent à Barret.

Me Léon Duval. — Eh bien ! je vais prouver qu'en effet je parle d'un fait accompli. Puisque l'accusation soutient que prêter de l'argent à un électeur , c'est acheter sa conscience , je soutiens que M. Tixier-Lachapelle a acheté Barret ; qu'il l'a acheté en février 1846 , parce que son élection avait été cassée en janvier et parce qu'il avait besoin de la voix de Barret pour les élections qui allaient s'ouvrir , et j'ajoute que j'ai en mains le billet qui prouve ce que j'avance.

M. le Président. — Ainsi votre intention est de prouver que M. Tixier-Lachapelle a acheté le suffrage de Barret ?

Me Léon Duval. — En faisant prêter 1,000 fr. à Barret sous son cautionnement. Oui , M. le Président , c'est mon intention et voici comment je le prouve....

M. le Président. — Alors je m'oppose à ce que l'incident continue. J'interdis toute espèce de débat sur ce point.

Me Léon Duval. — MM. les Jurés nous tiendront compte de ce que la Cour nous refuse ce debat. M. Tixier-Lachapelle est témoin au procès , il a parlé de la corruption de Bouyer et de Villard , et on m'empêche de discuter sa moralité précisément sur un fait analogue. L'accusation s'appuie du témoignage de Barret et on m'empêche de prouver qu'il a menti.

Me Léon Duval. — La doctrine qui vient de se produire ici , par l'organe de M. le Président , resserre beaucoup le cercle de nos questions.

M. le Président. — Elle est légale et fondée.

Me Léon Duval. — Je ne la blâme ni ne l'approuve , car M. le juge d'instruction nous avait averti qu'il regardait comme des calomnies tout ce qui se dirait de fâcheux pour M. Tixier-Lachapelle , et qu'il ne recueillerait aucune déposition sur ce point. Voici dans quels termes ce magistrat s'est expliqué : « Le témoin » a relaté , dans sa déposition , plusieurs faits étrangers aux » poursuites dirigées contre les inculpés. — Ces faits diffama- » toires ou calomnieux contre une personne qui n'est point en » cause , soit comme témoin , soit comme inculpé , ne peu- » vent être consignés dans la procédure. — Il en sera de même » de tous autres faits analogues , dont les témoins à entendre » pourront déposer. »

Comme cette doctrine vient de nous être imposée, qu'il n'y a rien au-dessus du pouvoir de M. le Président ; — je me soumets. Je regrette, toutefois, qu'au moment où on signale l'élection de Pontarion , comme ravagée par la corruption , on ne puisse soumettre au Jury qu'un côté de l'élection et qu'on lui cache le côté bien plus intéressant , où s'agite M. Tixier-Lachapelle. — C'est ici un procès politique, qualifié tel par l'arrêt de renvoi , on devrait bien au moins accepter le tableau de l'élection dans son ensemble.

M. le Procureur du roi. — Dénoncez le fait à la justice.

Me Bac. — Il l'a été ; la justice n'a pas poursuivi.

Me Léon Duval. — Je répète que j'ai la preuve en mains et il m'étonnerait fort qu'on parvint à m'empêcher de m'en servir dans ma défense.

M. le Président — Je ne fais que mon devoir et je le ferai toujours avec fermeté.

Me Léon Duval. — Il n'entre pas dans ma pensée de contester que M. le Président n'ait le sentiment de son devoir. — Si le débat mettait l'incident au clair, je m'en rapporterais à lui pour protéger les légitimes susceptibilités de tout le monde, des prévenus comme du témoin et pour découvrir la vérité sans inquisitions blessantes dans les affaires privées de M. Tixier-Lachapelle.

M. Tixier-Lachapelle. — J'ai des intérêts graves qui m'appellent, je demande à me retirer. *(La Cour autorise, après avoir consulté la défense).* Mouvement dans l'auditoire.)

M. le Curé Monneyrat. — Je tiens du fils Lafaye, et depuis, son père me l'a confirmé, que M. Lachapelle, voulant obtenir la voix de cet électeur, lui avait promis de faire admettre son plus jeune fils, soit à l'école des arts et métiers, soit à l'école normale, soit enfin une demi bourse à Agen, s'il le préférait. — M. Lachapelle lui a de plus proposé de prendre son plus jeune fils chez lui en qualité de domestique.

Comme Lafaye a depuis longtemps un procès à Limoges, un nommé Maury lui a promis, s'il votait pour M. Lachapelle, de lui faire gagner son procès, disant que l'avocat qui devait plaider contre lui, était l'ami intime de M. Lachapelle, et qu'il se trouverait à Pontarion le jour de l'élection. — L'avocat, dont parlait Maury, est Me Buteau, de Limoges.

Me Bac. — Me Buteau est un des membres les plus honorables du barreau de Limoges ; nous ne lui ferons pas l'outrage de prendre sa défense contre une telle imputation. — Mais c'est une nouvelle preuve de l'indigne abus qui était fait des influences de toute nature et des moyens auxquels on ne craignait pas d'avoir recours pour arracher les suffrages des électeurs

M. le Procureur du roi demande au témoin s'il n'aurait pas promis à Lafaye de lui remettre une lettre pour M. de Girardin, afin de lui recommander le fils Lafaye. — Le témoin confirme le fait, et M. le Président prend occasion de cette circonstance pour dire au témoin que c'est un devoir pour les ecclésiastiques de s'abstenir de toute intrigue électorale.

Laurent, géomètre, dépose que Barret était complètement ivre le jour de l'élection ; — qu'il a été tourmenté par un homme pour être présenté à M. Boutmy, pour qui il disait vouloir voter. — Un jour, se trouvant sur la place de Guéret avec M. Lachapelle, celui-ci lui dit qu'avec 20,000 fr. il achèterait 40 électeurs. — Ce propos le blessa vivement.

Martaud, de Chaussadas : Barret lui dit, avant l'élection, qu'il ne voulait pas voter pour M. Lachapelle, mais bien pour M. Boutmy. — Le jour de l'élection, Barret était ivre-mort.

La femme de l'aubergiste Martaud est entendue. — Elle était présente quand Barret remit à M. Boutmy le billet de 1,000 fr. contre 100 fr. — Elle vit aussi M. Boutmy tirer du papier de sa poche et dire à Barret : Voici votre reçu, le reconnaissez-vous ? Oui, répondit Barret. — Alors M. Boutmy déchira la signature et la rendit à Barret.

M. le Procureur du roi demande ce qu'est devenu la déclaration ou promesse de prêt faite à Barret.

M. Boutmy répond que Baraige, à qui elle avait été remise, l'a détruite. Mais, pourquoi n'a-t-elle pas été détruite en présence de Barret ; parce que, répond M⁰ Duval, cette déclaration n'était pas signée par Barret.

La femme *Marie Servière* dépose avoir également vu délivrer le reçu, et un débat s'engage sur la question de savoir si le reçu était fait ou non sur papier timbré.

Jean Brousse, conducteur des ponts et chaussées. — Quelques jours avant les élections ; Chansard vint chez moi et m'exprima le désir de voter pour M. Boutmy. Il était muni d'une grande sacoche vide. — Il quitta M. Boutmy en disant : Puisque vous ne voulez pas me prêter au taux que je veux, l'autre parti me fera bien une somme. Je vais de ce pas chez M. Tixier, receveur des finances.

Le jour où Barret et sa femme furent entendus, je venais de me promener, il était 7 heures du soir, et en face de la Chapelle-du-Puy, j'aperçus Barret qui maltraitait sa femme, avec des juremens que je ne puis répéter : tu n'as pas dit ce que je t'avais dit de dire; — tu as suivi la leçon de ton beau-père; — tu vas venir avec moi chez le Procureur du roi ; en effet, il l'entraîna chez ce magistrat.

M. le Président. — Mais il n'y avait pas lieu à querelles entre le mari et la femme, ils avaient déposé dans le même sens.

Mᵉ Bac. — Pas de confusion. — La femme Barret avait déposé comme son mari, mais après la déposition, avait eu lieu la confrontation entre elle et son beau-père; là, elle était demeurée anéantie;—Elle avait manqué de fermeté, c'est-à-dire d'audace, car la fermeté c'est la force du témoin qui dit la vérité; l'audace, c'est l'effort de celui qui ment. Par son embarras et son silence, elle avait énervé sa déposition, et c'est pour cela que son mari la battait.

Le Procureur du roi reproche à ce témoin d'avoir été destitué de ses fonctions pour un faux procès-verbal fait contre Barret. — C'est un fait grave. — Ne rougissez pas, témoin !

M. Brousse. — Je ne rougis pas ; je n'ai pas à rougir. — Jamais je n'ai été destitué ; la preuve, c'est que je suis toujours en place.

Le Procureur du roi persiste, il demande que M. le Président fasse appeler à l'audience l'ingénieur en chef.

M. Brousse soutient n'avoir jamais été révoqué, il explique que le procès-verbal fait contre Barret remonte à 1835.

Mᵉ Léon Duval. — Nous ne laisserons pas le témoin sous le coup de cet incident. — Il faut que le fait soit éclairci.

Le Président donne l'ordre d'aller chercher l'ingénieur en chef.

M. Cancalon, maire de Pontarion, dépose que Barret était, le jour de l'élection, dans un état perdu et impuissant à voter. — Que c'est M. Lachapelle qui a fait son bulletin. — Qu'ayant entend 1 parler du billet de 1,000 fr. , il demanda à M. Boutmy ce dont il s'agissait , et que M. Boutmy lui répondit que , s'étant engagé à prêter 14,000 fr. à Barret , celui-ci avait eu besoin d'une avance de 1,000 fr. que M. Boutmy lui avait remise en un billlet de la banque de France. — Meunier interrogé par le témoin le jour même , confirme le fait et nie que ce soit sa fille qui ait reçu le billet. — Mais votre fille , dit le témoin , dira bien la vérité. Eh , mon Dieu ! répondit Meunier , vous savez ce que sont les femmes. — Ma fille pourra bien dire la vérité , mais je crains que son mari ne la maltra te , si elle ne dit comme lui.

Le témoin ajoute que l'audience de la justice de paix avait été reportée du lundi au samedi , et , que ce jour-là , plusieurs témoins , forcément appelés à Pontarion , avaient été entraînés à boire chez Pizé.

On annonce la présence de l'ingénieur ordinaire M. Masquelez, qui dépose que le conducteur Brousse n'a pas été révoqué , mais changé de résidence.

M. le Président. — Avait-on des reproches à adresser à M. Brousse.

M. le Procureur du roi. — Ne s'est-on pas inscrit en faux contre ses procès-verbaux.

M. Masquelez. -- Non , mais j'avais des reproches à lui faire pour avoir employé des cantonniers de l'administration à des travaux particuliers. -- J'ai demandé son changement pour ce fait.

M. le Procureur du roi. — Mais c'est un fait de concussion.

M. Masquelez. — Le fait n'a jamais été bien établi !

Me Léon Duval. — Il y a loin de tout cela à tout ce que vous articuliez à l'instant , M. le Procureur du roi a dit en face de M. Brousse qu'il était un faussaire , qu'il avait rédigé un faux procès-verbal , et qu'il avait été destitué pour cela.

M. le Procureur du roi. — Une personne honorable m'avait dit que M. Brousse avait été révoqué pour procès-verbaux menssongers.

M. Masquelez. — Il n'y a rien eu de semblable.

Me Léon Duval. — Avouez que M. le Procureur du roi s'est fatalement trompé.

Marie Bonneyrat , propriétaire à Bourganeuf, a entendu un grand bruit ; des cris presque devant sa porte ; elle a vu et entendu dire que ce bruit était occasionné par une dispute de Barret avec sa femme.

Jean Duphot. — cultivateur à Bonnefont.

M. *Boutmy* demande si son fils ainsi que lui n'ont pas été l'objet de poursuites à l'occasion de leur vote. Oui , répond le témoin , mon fils électeur à Pontarion a été poursuivi par M. Lesage à qui il devait 6,000 fr. La poursuite a commencé le lendemain de l'élection, parce que mon fils avait donné sa voix à M. Boutmy. -- Les mêmes poursuites ont été exercées contre moi par M. Tixier, de Bourganeuf à l'occasion de l'élection du député.

M. *Parouty*, propriétaire à Ponsat. -- Le jour de l'élection du député , M. Bourbon , maire de la Chapelle , me conduisit à deux messieurs de la ville qui me dirent: si vous voulez voter pour M. Soubrebost , votre frère condamné sera sorti d'embarras.

M. *Cazaud,* avocat à Bourganeuf , M. Boutmy demande qu'il soit interrogé sur le fait Courbarien.

Quelque temps après les premières élections , Courbarien reçut une lettre de M. Tixier de Pontarion , qui lui disait qu'il n'avait pas un moment à perdre pour conjurer l'orage qui grondait sur la tête ; qu'il eut à venir le voir de bonne heure et que surtout il eut le soin de passer par les derrières. Cette lettre était remarquable par l'orthographe; *de bonne heure* était écrit comme *félicitas* et orage avec deux *rr.*

Courbarien ne tint pas compte de cette invitation , — et des poursuites correctionnelles furent exercées contre lui après l'élection pour un fait que le témoin déclare remonter à près d'un an avant l'élection (1).

Cette lettre a malheureusement disparu de mon dossier.

M⁰ *Léon Duval.* — M. le Président, il nous resterait encore dix témoins à faire entendre , mais ils ne déposeraient que de faits

(1) Le malheureux Courbarien subit sa peine en ce moment dans la prison de Bourganeuf.

qui nous semblent parfaitement éclaircis. — Nous renonçons à leur audition.

M. le Procureur du roi. — Nous, nous n'y renonçons pas.

Me Léon Duval. — Très-bien ; seulement nous aurions à cœur d'abréger le temps de MM. les jurés !

Margeridon est appelé; il dit que le témoin Chansard, en disant qu'il lui avait offert de l'argent pour l'engager à voter pour M. Boutmy, a fait un faux témoignage.

Plusieurs témoins sont appelés et déposent avec une extrême brièveté, car la défense qui les a fait assigner, s'abtient de leur adresser aucune question. L'audiencier annonce qu'il n'y a plus un seul témoin dans la salle spéciale qui leur est réservée.

Le ministère public s'étonne, et insiste pour que les témoins cités par la défense soient tous entendus.

Me Léon Duval. — En vérité, le reproche qui nous est adressé m'étonne; — il n'y a pas un procès d'assises où la défense ne renonce à l'audition de certains témoins insignifiants, pour ne pas prolonger inutilement le débat, et afin de ménager les moments précieux du jury.

M. le Procureur du roi persiste, et le témoin Lafaye fils se présente et dépose que M. Lachapelle a proposé à son père de prendre chez lui son frère comme domestique *(Sourires dans l'auditoire).*

Françoise Augier, femme du cabaretier Faure-Montauban, raconte que M. de Girardin est venu trouver son mari pour l'engager à voter pour M. Boutmy, et qu'il lui a fait offre de payer les frais du procès que Faure-Montauban a perdu contre M. Largey, à l'occasion des élections dernières.

M. Boutmy. — Je proteste contre la sincérité de cette déclaration. Tous ceux qui connaissent le caractère de M. de Girardin sauront à quoi s'en tenir sur un tel témoignage, — et ceux qui ne le connaissent pas comprendront que le but, auquel on tend ici, c'est de mêler son nom à une affaire à laquelle il est et doit rester étranger.

M. Martinet, médecin, commence sa déposition en disant qu'il

Guéret, imprimerie Dugenest.

dira la vérité toute en ière : Il y a eu dans cette lutte, des torts dans les deux camps. — Clémenson lui a dit qu'il voterait pour M. Boutmy, puisque toute la famille faisait de même, et surtout parce qu'il avait signé la première protestation ; et cependant, si j'étais un homme intéressé, M. Boutmy ne devrait pas compter sur moi, car M. Tixier-Lachapelle m'a offert de payer la moitié du prix du remplacement de mon fils, — j'avouerai que n on parent est un homme d'un esprit plus qu'étroit, et qu'il a bien pu dire et contredire, dans le même moment, ce qu'il a dit.

M. le Président fait amener Meunier à la barre et lui demande si le papier qu'il lui présente est écrit de sa main ; — Meunier le reconnaît. — Cette pièce dont M. le Président donne lecture a été remise au parquet, depuis plus d'un mois, par un maçon qui l'avait trouvée. — Elle contient l'énonciation des faits sur lesquels a déposé le témoin Martaud.

M. le Président fait rappeler le témoin Martaud, à qui il fait répéter sa déposition qui est à peu près identique, Meunier et Martaud sont mis en présence, et l'un et l'autre, après quelqu'hésitation, tombent d'accord que Martaud, qui est totalement illétré, a demandé à Meunier de mettre en ordre et d'écrire une partie de sa déposition.

M. le Procureur du roi fait remarquer combien il est étrange que cette déposition ait été ainsi écrite, et il argue d'un faux témoignage. M. Léon Duval.—Il y a beaucoup de chrétiens qui écrivent d'avance leur confession.

Me Lasnier fait observer que l'accusation, qui semble tirer un si grand parti de cette pièce, oublie que les faits qu'elle relate sont complètement acquis au procès ; que plusieurs témoins les ont confirmés, et que, par le fait, on ne peut mettre en suspicion la sincérité du témoin.

Me Théodore Bac. — Je ne puis laisser le jury sous l'impression de ces paroles. Que se passe-t-il donc ici et quelle est la véritable position des témoins? Meunier sait que son gendre l'accuse de faux témoignage. Il cherche des preuves de sa propre sincérité. C'est

assurément son droit. Il cause avec Martaud dont la déposition
vient à l'appui de la sienne. Meunier est le seul homme un peu
lettré, l'instituteur de son village. Martaud qui n'a jamais paru
devant la justice et qui craint de ne pas mettre dans son récit l'ordre et la clarté convenable, prie Meunier de lui rédiger sa déposition. Meunier y consent. Voilà le fait. Certes, il faut une grande
hardiesse de logique pour en conclure que ces deux hommes font
un faux témoignage. Est-ce donc la première fois que ce fait se
produit? Qui n'a vu des personnes d'un rang bien différent, bien
plus élevé, écrire leurs dépositions et arriver à l'audience avec un
carré de papier à la lecture duquel ils ne renonçaient qu'avec regret quand on leur disait que la loi veut que la déposition soit
orale et spontanée? Qui n'excuse cette préoccupation du témoin
qui, avant de parler dans une solennité qui lui est inconnue, veut
préparer sa parole et mettre de l'ordre dans ses idées? C'est une
petite préoccupation littéraire qui n'est étrangère à personne et
qu'on pardonne à tout le monde. Martaud qui ne sait pas écrire,
emploie la plume de Meunier. Quoi de plus simple?

« Mais Meunier et Martaud ont hésité à raconter ce qui s'est
passé entre eux et l'on argumente de cette hésitation. — Elle est
toute naturelle. — Les témoins ont craint de se compromettre par
cet aveu qui pourtant n'a pas de danger. — Mais pourquoi craindre? — Pourquoi?..... C'est que les témoins savent qu'on les accuse; c'est qu'on leur a, d'avance, annoncé les sévérités de la
justice; c'est que des agents de cette justice, des hommes qui em-
pruntent à leur position un reflet de la terreur qu'elle inspire, ce
trio d'huissiers qui a porté, dans cette enceinte, les habitudes
d'une insolence puisée dans le sentiment de la protection qui s'é-
tend sur eux, ont fait pénétrer la menace jusqu'au fond des chau-
mières. Voilà pourquoi les témoins hésitent; mais ils sont promp-
tement revenus à la vérité, et leur attitude actuelle, leurs explications naturelles sont pour moi la preuve de leur sincérité.

A la suite de cet incident tous les témoins étant entendus et M.
le Procureur du roi déclarant n'être pas prêt pour son réquisitoire
l'audience est renvoyée au lendemain.